GERHARD WEHR

# C. G. JUNG UND DAS CHRISTENTUM



W

GERHARD WEHR

# C. G. Jung und das Christentum

Walter-Verlag Olten und Freiburg im Breisgau

Gesamtherstellung in den Werkstätten des Walter-Verlags
Printed in Switzerland

ISBN 3-530-92701-5

In memoriam
C.G. Jung (1875–1961)
et
Wilhelm Bitter (1893–1974)

# INHALT

# VORWORT

Unter den Zeugnissen, die uns von Nichtchristen über Jesus Christus überliefert sind, kann einem eine einzigartige programmatische Bedeutung zugesprochen werden. Es ist der Ausruf jenes römischen Statthalters Pontius Pilatus, dessen Name im apostolischen Glaubensbekenntnis den welthistorischen Ort der Christuserscheinung kenntlich macht.

Der von Emotionen und Aggressionen aufgewühlten, irregeleiteten Menge führte Pilatus den dorngekrönten, zur Kreuzigung bereiten Jesus zu und rief aus: «Idou ho anthropos – siehe, der Mensch!» – Auch wenn der Textzusammenhang in erster Linie auf die erbarmungswürdige Knechtsgestalt des Mannes verweist, der als der Menschensohn mit höchsten religiösen Ansprüchen aufgetreten ist und damit die Paradoxie zwischen Anspruch und Erscheinung seiner Person offenkundig werden ließ, so ist doch die tiefe Symbolik nicht zu übersehen, die in dem Pilatus-Wort liegt. Urbildlich-Archetypisches tritt ins Bild, freilich nur für den sichtbar, aufnehmbar, der nicht nur mit äußeren Sinnen die dramatische Szenenfolge der Passion Jesu betrachtet.

Die Christenheit hat sich freilich den Aspekt zu eigen gemacht, der in den lateinischen Worten «Ecce homo – seht, welch ein Mensch!» zum Ausdruck kommt und vor allem an das fromme Gefühl appelliert. Es ist bekannt, in welch hohem Maße diese Interpretation des Pilatus-Wortes Dichtung und bildende Kunst ins allgemeine Bewußtsein eingeprägt haben. Dabei kann nicht geleugnet werden, daß das Evangelium in seinem innersten Kern die Botschaft von der

totalen Menschwerdung enthält und daß Christus nach dem Zeugnis der synoptischen Evangelien (Matthäus, Markus, Lukas) als der «Menschensohn» zugleich den Prototypus des Menschen schlechthin verkörpert. Und zwar ist es der Typus jenes Menschen, der erst noch im Werden ist. Dies trifft vor allem auf die Männer und Frauen im Umkreis Jesu zu. Christus-Nachfolge heißt demnach: einen Weg gehen, der die Werdestufen der Christusvollendung durch Passion und Tod hindurch zur Verwandlung in ein neues Leben (kaine ktisis, neue Schöpfung) hineinführt.
Die Frage nach Christus umschließt – wo immer sie von der Wurzel her gestellt wird – demnach mehr als nur ein kirchlich-dogmatisches Hauptstück oder ein theologisches Thema. Diese Frage zielt auf den Menschen selbst, auf den Einzelnen wie auf die Menschheit. Und diese Zielsetzung ist nicht zu verwechseln mit auf Vergrößerung der kirchlichen Mitgliedskarteien abgestellten «Missions»absichten. Eine konfessionelle Deutung reicht ebensowenig hin, die Tiefe dessen, was mit Christus letztlich gemeint ist, auszuloten, wie eine rational-lehrmäßige Begriffsbestimmung. Gleichzeitig muß zugegeben werden, daß die Christus-Frage Probleme aller Art aufwirft. Die historischen, zum Beispiel die der theologischen Schriftauslegung sind hierbei noch nicht die schwerwiegendsten. Sie bleiben ohnehin einer verhältnismäßig kleinen Schicht von «Fachleuten» zur Klärung vorbehalten.
Wenn in der vorliegenden Schrift aus der Perspektive der Analytischen Psychologie nach Christus gefragt wird, so kann dies nur einen Sinn haben, wenn es im Blick auf *die Menschwerdung des Menschen* geschieht. Denn eben darin liegt die erregende, immer neu ins Bewußtsein zu erhebende Tatsache, daß im Mittelpunkt der Evangelien nicht etwa Gott – der Gott der Philosophen oder der Theologen – steht, sondern der Mensch, freilich der von Gott angerufene, der von Gott angenommene und geliebte Mensch. Aller Gottes-Dienst ist ein Dienst Gottes in Jesus Chri-

stus, daß der Mensch er selbst werde, als Einzelner und in der Vielfalt der Beziehungen, durch die er an Mitmensch und Welt gewiesen ist. Die in Anspruch genommene Psychologie wird daraufhin befragt, welchen Handlangerdienst sie zu übernehmen vermag, in welchem Maße sie mithelfen kann, den Weg zu Christus als einen Weg zum Menschsein zu beschreiten. Dabei wird es viel weniger um bloße theoretische Erwägungen gehen, wie sie etwa für einen Dialog zwischen Theologie und Psychologie nützlich sein könnten. Der Blick wird mehr auf *Möglichkeiten religiöser Erfahrung* zu richten sein, die sich bald als Christus-Erfahrung, bald als Selbst-Erfahrung einstellt.

Im Zusammenhang dieser Arbeit gilt es zwei Gesichtspunkte zu berücksichtigen: Einmal geht es darum zu zeigen, welchen besonderen Weg Carl Gustav Jung, der Schöpfer der Analytischen Psychologie, eingeschlagen hat, und inwiefern sein Lebensgang Spuren eines Wegs zu Christus aufweist. Die zweite, wichtigere und deshalb ausführlicher zu behandelnde Frage lautet: Inwiefern hat Jung einen Weg zu Christus gewiesen, obwohl er weder als Prediger oder Lehrer noch als christlicher Missionar oder Seelsorger tätig geworden ist, geschweige denn als solcher tätig werden wollte. Und worin besteht die Wegweisung zu Christus, die heute von der Analytischen Psychologie geleistet werden kann.

Mit dieser Thematik schließt die vorliegende Schrift an frühere Arbeiten des Verfassers an, in denen allgemeine und spezielle Fragen aus dem Bereich der Analytischen Psychologie sowie angrenzender Gebiete behandelt wurden. Um Wiederholungen zu vermeiden, muß von Fall zu Fall auf diese Publikationen verwiesen werden. Es handelt sich zunächst um die Rowohlt Monographie «C. G. Jung in Selbstzeugnissen und Bilddokumenten» (Reinbek 1969, 5. Auflage 1974). Sie hat einführenden Charakter und soll dazu dienen, mit den wichtigsten Elementen in Leben und Schaffen von C. G. Jung bekanntzumachen. – Die vergleichende Studie «C.G. Jung und Rudolf Steiner» (Ernst Klett Verlag, Stuttgart 1972), stellte den Versuch dar, die Analytische Psychologie mit der Anthroposophie Rudolf Steiners zu konfrontieren und die Frage einer die Grenzen der Disziplinen überschreitenden Zusammenschau im Blick auf ein erweitertes Bild von Mensch und Wirklichkeit zu prüfen. – Ebenfalls im Walter-Verlag Olten-Freiburg erschien 1974 die von der Internationalen Gemeinschaft Arzt und Seelsorger prämiierte, von der Wissenschaftlichen Buchgesellschaft Darmstadt produzierte Arbeit «Wege zu religiöser Erfahrung». In ihr ging es darum, zu zeigen, wie die Analytische Psychologie im Dienst der Bibelauslegung fruchtbar werden kann. Anhand von ausgewählten Texten aus dem Johannesevangelium sollte darin der Versuch unternommen werden, das Neue Testament als einen Weg zu einer vertieften Selbst-Erfahrung zu erproben. Damit wurde zumindest im Ansatz am Beispiel der Bibelauslegung zu zeigen versucht, wie eine Antwort auf die eingangs gestellte Frage nach dem Beitrag der Jungschen Psychologie aussehen könnte.

Hier ist schließlich der Ort, ein Wort herzlichen Dankes all denen zu sagen, die das Zustandekommen dieses Buches ermöglicht haben.
An erster Stelle nenne ich Professor Dr. med. Dr. phil. Wilhelm Bitter. Er hat noch kurz vor seinem Tod im Januar 1974 den ihm vorgelegten Plan und das Konzept dieses Buches gutgeheißen und nachhaltig unterstützt. Als maßgeblicher Mitbegründer und als langjähriger engagierter Leiter der Internationalen Gemeinschaft Arzt und Seelsorger (jetzt: Internationale Gesellschaft für Tiefenpsychologie) stand er einem Kreis von Menschen vor, die sich um eine synoptische, die Grenzen der einzelnen Fachbereiche dialogisch überschreitende Tiefenpsychologie, Menschenkunde und Therapie bemühen und die die Überzeugung von Professor Dr. theol. Ulrich Mann teilen: «Es kommt

darauf an, daß überhaupt synoptisch gedacht und gearbeitet wird» (U. Mann: Theogonische Tage, 1970, S. 13). Mein Dank gilt sodann allen, die beim Zustandekommen des Buches mitgewirkt haben.

Schwarzenbruck bei Nürnberg
zum 26. Juli 1975,
dem 100. Geburtstag von C. G. Jung — Gerhard Wehr

# I

# UNSER AUSGANGSPUNKT

# STANDORTBESTIMMUNG DURCH EIN BILD

«Ich will Wasser gießen auf das Durstige und Ströme auf das Dürre!» – «Ich will Wasser in der Wüste und Ströme in der Einöde geben, zu tränken mein Volk, meine Auserwählten!» So lauten die gewaltigen Zusagen, die der Deutero-Jesaja (Jes 44,3 u. 43,20) dem durch Gefangenschaft, durch inneren und äußeren Niedergang gezeichneten Volk Israel zuzurufen hat. Dieses Motiv vom Wasser durchzieht die ganze Bibel. Da ist einmal das Bild des von den vier Quellflüssen durchströmten Gartens Eden, das Bild von der Gottesstadt mit den nie versiegenden Wasserbrunnen; Christus selbst präsentiert sich als einer, der lebendiges, lebendigmachendes Wasser zu spenden hat. In hartem Kontrast dazu aber stehen die Bilder von der geistlich-geistigen Dürre, in der die Brunnen löchrig geworden sind (Jer 2,13) und kein Wasser mehr geben.

Bei der Frage, welches dieser Bilder und Vergleiche der inneren Situation der heutigen Christenheit am ehesten angemessen ist, fällt die Antwort nicht schwer. Das Verlangen nach neuer, nach ursprunghafter Gotteserfahrung ist groß. Seit langem ist der Eindruck entstanden, daß die traditionellen Horte und Institutionen des spirituellen Lebens, die christliche Kirche als Ganzes, mehr und mehr Gefäßen gleichen, deren Inhalt in empfindlicher Weise reduziert worden ist. Sollte die Ursprungskraft des göttlichen Pneuma, die der Apostel Paulus (Röm 1,16) eine Gotteskraft (dynamis theou) genannt hat, versiegt sein? Kurzum, das Bild einer geistlichen Dürre, das die alttestamentlichen Propheten mit mahnenden Worten beschworen haben, hat eine unerhörte Aktualität erlangt.

Diese Einsicht muß nicht von außen her als Kritik an eine Kirche, die «versagt» habe, herangetragen werden. Es gehört keine besondere Sensibilität dazu, um den durch keine fromme Geschäftigkeit, durch keinen allzu betonten Aktivismus auf dem Sektor der Weltgestaltung zu beschönigenden Substanzverlust zu bemerken.
Wie immer dieses Phänomen im einzelnen beurteilt und beantwortet werden mag, fest steht, daß die Christenheit im Zuge der allgemeinen kulturell-zivilisatorischen Entwicklung der letzten Jahrhunderte in eine einzige große *Extraversion* hinein versetzt worden ist. Das heißt, daß alle Aufmerksamkeit, alle Kraft, alle Hingabe nach «draußen» verlegt wurde, hinaus in diese von der modernen Naturforschung erfaßte, von der Technik ergriffene, von menschlicher Rationalität gemessene und gezählte, vom menschlichen Bemächtigungswillen usurpierte und manipulierte Welt.
Zweifellos kommt in dieser Tendenz zur Extraversion eine dem Menschen durchaus gemäße Grundhaltung zur Geltung. Die christliche Botschaft bestätigt sie im großen Rahmen des göttlichen Sendungsauftrags des Menschen, sich die Erde untertan zu machen und alle Kräfte und Gaben der Schöpfung zu nutzen. Darüber darf nur nicht vergessen werden, daß alles Außen und alle Extraversion auf ein Innen bezogen sein und durch eine *Introversion,* das heißt durch eine Wendung nach innen zur sinntragenden Mitte alles Seins und Tuns ergänzt werden muß. In der Gestalt der meditativen, auf diese Sinnmitte zentrierten Maria und der rastlos aktiven, somit mehr nach außen gekehrten Martha hat das Evangelium (Lk 10,38–42) diese beiden aufeinander zu beziehenden menschlichen Grundhaltungen anschaubar gemacht.
Zweifellos kommen heute in der Christenheit vorwiegend die extraversiven Tendenzen überstark zur Geltung. Gleichzeitig wird das notwendige Korrektiv, nämlich «das Eine, das not tut», vergessen. Niemand muß sich daher

über das viel beklagte geistig-seelische Vakuum wundern, das sich an einer Fülle von Symptomen ablesen läßt. In der Psychotherapie, die nicht nur für die Leiden des einzelnen Menschen nach wirksamer Abhilfe sucht, sondern in größeren Zusammenhängen die Zeitproblematik ins Auge faßt, spricht man schon seit langem von einem «Verlust der Seele». Sie versteht darunter einen Verlust an Ganzheit und eine ernsthafte Gefährdung des Menschlichen überhaupt; denn: «Der Seelenverlust entspricht dem Losreißen eines Teils des eigenen Wesens, dem Verschwinden und der Emanzipation eines Komplexes, der dadurch zum tyrannischen Usurpator des Bewußtseins wird, das Ganze des Menschen unterdrückt, ihn aus seiner Bahn wirft und zu Handlungen zwingt, deren blinde Einseitigkeit die Selbstzerstörung zur unvermeidlichen Gefolgschaft hat», schreibt C. G. Jung bereits in seinem frühen Werk über die psychologischen Typen (1921).[1]

Ohne nun zu lange bei der Bestandsaufnahme zu verweilen, die sich uns im Bild einer geistlich-geistigen Dürre und in der Gestalt einer einseitigen extraversiven Grundeinstellung des heutigen Menschen dargeboten hat, sei nur noch ein dritter möglicher Gesichtspunkt erwähnt. Er läßt sich im Blick auf die jüngste Theologiegeschichte gewinnen.

Betrachtet man die sich hier abzeichnenden Vorgänge hinsichtlich der religiösen Situation, dann ergeben sich allein in dem über die Konfessionsgrenzen hinauswirkenden deutschsprachigen Protestantismus etwa folgende Einschnitte:

Nach der Phase einer unreflektierten Pseudoreligiosität um die Jahrhundertwende, die Kultur und Christentum, Kirche und Nation etwa in der Form des sogenannten Kulturprotestantismus zu einer fragwürdigen Einheit zu verbinden meinte, entstand gegen Ende des ersten Viertels dieses 20. Jahrhunderts die Krisentheologie Karl Barths. Sie kündigte bekanntlich die radikale Krise und damit das Ende aller Religion an. Mit der Christus-Offenbarung sei das Ende der Religionen proklamiert, ein Gedanke, der sich von Barths revolutionär-expressionistischer Römerbrief-Auslegung von 1919 bis zu seiner vielgerühmten voluminösen und doch Fragment gebliebenen Kirchlichen Dogmatik[2] hindurchzieht. Noch in diesem späten Hauptwerk des großen reformierten Theologen finden sich Sätze wie: «Religion ist Unglaube. Religion ist eine Angelegenheit, man muß geradezu sagen: die Angelegenheit des gottlosen Menschen...» Wenn Barth dabei auch besonderen Wert auf den Hinweis legt, er meine weder ein Werturteil noch ziehe er einen religionswissenschaftlichen oder religionsphilosophischen Schluß, so sah er doch offensichtlich nicht die Folgerungen ab, die sich aus derlei Äußerungen zwangsläufig ergaben, so verständlich derartige Formulierungen aus der Zeitsituation vor und nach dem Jahre 1933 in Kirche und Theologie sein mögen.[3] Wenngleich sich Barths These in der Zeit der sich verstärkenden ökumenischen Bewegung und der sich anbahnenden Begegnung der Religionen schon um ihrer Mißverständlichkeit willen nicht bewähren konnte, ist ihr doch weit über den Protestantismus hinaus Beachtung und Zustimmung geschenkt worden.

Sucht man sodann nach dem theologischen Leitthema der Jahrhundertmitte, dann findet man es in dem ebenfalls folgenschweren Entmythologisierungsprogramm Rudolf Bultmanns. Die im Evangelium enthaltenen mythischen Elemente seien mit dem viel apostrophierten modernen Weltbild nicht zu vereinbaren, das Weltbild Jesu und der Apostel sei «erledigt», zumal der Glaube an Wundererzählungen, an die Jungfrauengeburt, an Christi Höllen- und Himmelfahrt und dergleichen nicht mehr nachvollziehbar sei. Der Auferstehungsglaube, Herzstück aller christlichen Verkündigung, sei «nichts anderes als der Glaube an das Kreuz als Heilsereignis» ... «Christus, der Gekreuzigte und Auferstandene, begegnet uns im Worte der Verkündigung, nirgends anders. Eben der Glaube an dieses Wort ist in Wahrheit der Osterglaube...»[4] Obgleich Bultmann erklärtermaßen das Mythische der Bibel nicht etwa eliminieren, sondern «existential» interpretieren wollte, leistete er doch faktisch einer Ausscheidung eben jener Elemente von Überlieferung und Verkündigung Vorschub, die dem rationalistischen Denken anstößig und daher unglaubwürdig erschienen.

Und noch ehe die während des Zweiten Weltkriegs entworfenen Gedanken Bultmanns diskutiert werden konnten – diese Diskussion erfolgte vor allem in den fünfziger und sechziger Jahren[5] – hatte Dietrich Bonhoeffer die Parole von der religionslosen Verkündigung ausgegeben. In der nach 1950 einsetzenden, bisweilen hektisch verlaufenden Bonhoeffer-Rezeption[6] sahen viele Bonhoeffer-Interpreten im konsequenten Verzicht auf alles Religiöse zugunsten einer auf bloße Mitmenschlichkeit und auf gesellschaftspolitisches Engagement reduzierte Verkündigung den heute einzig zeitgemäßen Auftrag der Kirche. Der Ruf «Gott ist tot!» – einst Bestandteil der dichterischen Vision (Jean Paul) oder der philosophischen Spekulation (Hegel, Nietzsche) – beflügelte nun christliche Theologen dazu, erste Entwürfe einer «Theologie nach dem Tode Gottes»[7] vorzutragen. Sie schienen damit ein wesentliches Moment der Bewußtseinslage des Menschen im letzten Drittel dieses Jahrhunderts zu artikulieren.

Es ist die Situation dessen, der einerseits zwar einen gewissen Grad an «Mündigkeit» erreicht hat, der in vielfacher Hinsicht zu einem bis dahin nicht gekannten Ich-Erleben gelangt ist, der aber auf der anderen Seite sich als anfällig erweist für Ideologien, für Suggestionen und Rauschzustände aller Art[8], in denen er bewußt oder unbewußt teils sich zu entfliehen sucht, teils sein tieferes Selbst zu erfahren trachtet. Damit ist, so dürfen wir vorwegnehmen – die menschliche Reifungsproblematik angesprochen, bei der es um die Selbst-Findung, die Selbst-

Verwirklichung geht. Und beides korrespondiert mit religiöser Erfahrung.
Spätestens an dieser Stelle stellt sich die Frage, was denn jener Forschungszweig und jene therapeutische Methode zur Erhellung der Lage, wenn möglich zu wirksamer Neuorientierung beizutragen habe, die sich in besonderer Weise mit jenem zentralen Thema der Reifung befaßt, die C. G. Jung Individuation, Selbst-Werdung des Menschen, nennt. Die Frage richtet sich demnach speziell nach dem Beitrag der Analytischen Psychologie Jungs.
Ehe wir auf einzelne Faktoren in der Jungschen Christusdeutung eingehen, ist in Anknüpfung an die vorausgeschickte theologiegeschichtliche Standortmarkierung anzumerken: C. G. Jung hat sich zwar dem Gespräch mit Vertretern der Kirche und der kirchlichen Theologie nicht entzogen; schon der in großer Auswahl zugänglich gewordene Briefwechsel zeigt, mit welcher Bereitschaft und Intensität er am Gespräch mit einzelnen Theologen teilgenommen hat.[9] Auffälligerweise gehörten katholische Theologen und Ordensleute zu seinen wichtigsten, auch für ihn selbst ertragreichsten Dialogpartnern. So ist es beispielsweise ein englischer Dominikaner, Victor White, dem er erstaunt und erleichtert schreibt: «Sie sind für mich ein weißer Rabe, denn Sie sind der einzige mir bekannte Theologe, der wirklich etwas von dem verstanden hat, was das Problem der Psychologie in unserer Welt heute bedeutet. Sie erkannten ihre umfassenden Sinnbezüge. Ich kann Ihnen nicht sagen, wie froh ich bin, einen Menschen, einen Theologen, zu kennen, der gewissenhaft genug ist, meine Auffassungen auf Grund sorgfältigen Studiums meiner Schriften zu beurteilen!»[10] So hat Jung zwar immer wieder auf theologische Fragen und Argumente gehört, ihnen geantwortet, es hat jedoch – von anderen abgesehen – mit keinem der drei genannten protestantischen Theologen ein fruchtbarer Meinungsaustausch stattgefunden. Das ist immerhin für Karl Barth und für Rudolf Bultmann erstaun-

lich, während der 1945 im Konzentrationslager ermordete Dietrich Bonhoeffer bis dahin nicht in den Gesichtskreis von Jung getreten sein wird. Als Jungs Landsmann war Barth nach der Suspendierung im nationalsozialistischen Deutschland seit 1935 Theologieprofessor in Basel. Er lehrte jahrzehntelang an derselben Universität, die Jung 1944 zum Professor für medizinische Psychologie berufen hatte. Man mag freilich einräumen, und darin stimme ich Helmut Barz bei,[11] daß ein Gespräch zwischen Vertretern der Barthschen Theologie und Analytischen Psychologen wenig aussichtsreich wäre, da eine gemeinsame Basis fehlt. Beinahe noch auffälliger ist die andernorts notierte Tatsache, daß in der von Bultmann in Gang gebrachten, jahrelang mit Eifer geführten Entmythologisierungsdebatte der Name Jungs überhaupt keine Rolle gespielt hat. Das heißt immerhin, daß der Inaugurator einer Forschungsrichtung, die den Mythos in ihre Untersuchungen einbezogen hat, nicht gehört wurde, etwaige Hinweise blieben ungenutzt[13]. Theologen und Philosophen, unter ihnen Karl Jaspers, zogen es offensichtlich vor, mit ihren Erörterungen unter sich zu bleiben, als es darum ging, die mythischen Elemente der christlichen Botschaft zu interpretieren.

Aber gerade in dieser Hinsicht hätte ein wechselseitig befruchtendes Geben und Nehmen einzusetzen. Das wahre Bild von der geistlichen Dürre und von den strömenden Wassern, auf das wir eingangs hinschauten, verlangt realisiert, erkennend aufgenommen zu werden. Daß der Leser biblischer Grundtexte sich mit dem philologischen Rüstzeug, mit Grammatik und Wörterbuch versieht, bedarf keiner Begründung. Ebenso selbstverständlich sollte es heute sein, daß der Bibelleser, der Theologe die tiefenpsychologische «Grammatik» zu gebrauchen weiß und den «Wortschatz» der wirkenden Sinnzeichen des Glaubens und der Symbole auf einem Weg der Erfahrung kennenlernt. Und gerade darin wird sich eine wichtige Übereinstimmung mit den Existentialinterpreten der Bibel herstellen lassen, daß sprachliche und historische Kenntnisse nicht ausreichen, um alte Texte zum Sprechen zu bringen. Nicht um Zustände oder Ereignisse von ehemals geht es in der Begegnung mit der viva vox Evangelii, der lebendigen, anredenden Stimme des Evangeliums, sondern um die Gegenwart des wirkenden Geistes: Der Herr ist der Geist! Damit wäre auch der Standort markiert, von dem her, auf den hin die Analytische Psychologie in Dienst genommen werden sollte.

# IN ERWEITERUNG DER TIEFENPSYCHOLOGIE

Die moderne Tiefenpsychologie, vornean die Psychoanalyse Sigmund Freuds, ist aus der Medizin, also einer naturwissenschaftlich fundierten Disziplin hervorgewachsen. Als Neurologe suchte er zusammen mit Josef Breuer nach einer brauchbaren Methode der Neurosebehandlung. Daß sich Freuds Ambitionen auf kulturgeschichtliche Zusammenhänge richteten – er war u. a. archäologisch interessiert und literarisch gebildet – hat sich erst viel später darin niedergeschlagen, daß er psychoanalytische Einsichten auch zur Deutung literarischer, künstlerischer und allgemeinkultureller Erscheinungen heranzog. Selbst die umstrittene religionskritische Schrift «Die Zukunft einer Illusion» (1927) ist in diesem Zusammenhang zu nennen. Sie schließt bekanntlich mit dem ausdrücklichen Hinweis: «Nein, unsere Wissenschaft ist keine Illusion. Eine Illusion aber wäre es zu glauben, daß wir anderswoher bekommen könnten, was sie uns nicht geben kann.» [14]

C. G. Jung [15], ehemals Psychiater an der Zürcher Nervenklinik Burghölzli, stieß zu Freud, eben weil er die medizinisch fruchtbaren Forschungsergebnisse der im Entstehen begriffenen Psychoanalyse prinzipiell bejahte. Er stimmte auch mit den naturwissenschaftlichen Erkenntnisvoraussetzungen des Wiener Meisters weitgehend überein. Das änderte sich nicht, als sich Jung von Freud um 1912 trennte, indem er in Theorie und Praxis eigene Wege ging. Mit der Ablehnung der Freudschen Sexualtheorie und des einseitigen Libidoverständnisses in der Psychoanalyse war ihm jedoch bald klar geworden, daß ihr infolge ihrer weltanschaulichen Voraussetzungen jede Möglichkeit fehle, «der unerbittlichen Klammer des biologischen Geschehens» zu entgehen. Das frühe Werk «Wandlungen und Symbole der Libido» (1912)[16] signalisiert diese Einsicht. Der begriffliche Rahmen, in dem Freud die Erscheinungen des gesunden wie des erkrankten seelischen Lebens spannte, war Jung unerträglich erschienen, und zwar wegen «des reduktiven Kausalismus seines allgemeinen Standpunktes und das sozusagen vollständige Außerachtlassen der für alles Psychische so charakteristischen Zielgerichtetheit».[17] Praktisch hieß das aber, daß Jung für die Begründung der von ihm vertretenen Analytischen Psychologie einen Schritt tun mußte, der ihn über das wissenschaftsmaterialistische und rationalistische Vorverständnis der von ihm verlassenen Psychoanalyse hinausführte. Das konnte nicht etwa die Preisgabe der naturwissenschaftlichen Erkenntnis bedeuten, wohl aber deren *Erweiterung*. Daß eine solche Tiefenpsychologie in der Lage sein würde, in einen fruchtbaren Dialog mit der modernen Physik einzutreten, sollte sich zeigen, als Jung die Ergebnisse seiner gemeinsam mit dem Physiker Wolfgang Pauli unternommenen Studien über «Synchronizität als ein Prinzip akausaler Zusammenhänge»[18] der Öffentlichkeit übergab. Indem er immer wieder deutlich machte, daß letztlich nur der der Wirklichkeit der Seele gerecht werde, der deren religiöse Funktion als eine mindestens ebenso unbestreitbare Tatsache zur Kenntnis nimmt wie biologisch-physiologische Tatbestände. Jung tat dies mit dem Hinweis: «Wir Modernen sind darauf angewiesen, den Geist wieder zu erleben, das heißt Urerfahrung zu machen. Dies ist die einzige Möglichkeit, den Zauberkreis des biologischen Geschehens zu durchbrechen.»[19] Dies an seinem Teil mitvollzogen zu haben ist sicher ein wesentliches Verdienst Jungs überhaupt. Es wird jedoch noch zu zeigen sein, wie sich diese Horizonterweiterung für die Einschätzung des Christlichen bei Jung im einzelnen auswirkt.

Zunächst aber ist die ärztliche Zielsetzung und der Wille,

dem somatisch-psychisch erkrankten, unter einem akuten «Leidensdruck» stehenden Menschen zu helfen, auch bei Jung nicht zu übersehen. Wo immer er Gelegenheit dazu fand, hat er auch in späteren Jahren auf die Art seines Lebensauftrages hingewiesen, wenn er sagte: «Ich bin ein Arzt, der es mit der Krankheit des Menschen und seiner Zeit zu tun hat und auf Heilmittel bedacht ist, die der Wirklichkeit des Leidens entsprechen. Psychopathologische Untersuchungen haben mich veranlaßt, historische Symbole und Figuren aus dem Staub ihrer Gräber zu erwecken. Ich habe gesehen, daß es nicht genügt, meinen Patienten die Symptome wegzukurieren...»[20]

Aus Wortmeldungen wie diesen, die sich bei Jung in ähnlicher Form wiederholt finden, läßt sich ersehen, unter welchem Vorzeichen letztlich *alle* seine Äußerungen über religiöse Tatbestände im allgemeinen und über das Christentum im besonderen stehen. So darf bereits an dieser Stelle hervorgehoben werden, daß er – was nicht wenige Kritiker zu seinem Schmerz übersehen haben – niemals als Theologe oder als Religionsphilosoph sprach, weshalb er sich in der Regel entsprechende Zurückhaltung auferlegte, wo kirchliche Zeitgenossen sich ein «eindeutigeres, mutigeres Bekenntnis» gewünscht hätten.

Andererseits darf aus der zitierten Selbstcharakteristik auch nicht geschlossen werden, die psychoanalytische Art der Menschenführung (im weiteren Sinne des Wortes verstanden) betreffe nur den kranken, psychisch angeschlagenen Menschen. Jutta von Graevenitz bemerkt deshalb einmal mit Recht: «Das gebräuchliche Argument, daß die Tiefenpsychologie ihre Beobachtungen an ‹Kranken› macht, darf allerdings zurückgewiesen werden: nicht nur verfügt sie über reiche Erfahrungen aus Analysen ‹Gesunder›, sondern es hat sich schon vor langer Zeit herausgestellt, daß hinsichtlich des Verhältnisses zwischen bewußten und unbewußten Persönlichkeitsbereichen kein grundsätzlicher Unterschied zwischen manifest Gesunden und manifest Kranken besteht...»[21] Und weil der analytisch-synthetische Prozeß an konkrete Selbsterfahrungen, an die Erfahrung des Selbst heranführt, Einblicke in zuvor ungeahnte Seelenbezirke eröffnet, bewußtseinsaktivierende Impulse zu geben vermag, entspricht die Analytische Psychologie in hohem Maße einem *Erkenntnisweg,* der zu Einsichten leitet, die einem bloßen Nachdenken oder einer äußeren Wissensvermittlung verschlossen bleiben. Das vermag der am ehesten zu beurteilen, der in diesem Prozeß zu entsprechenden *Eigenerfahrungen* gelangt ist. So ist es kein Zufall, wenn Jung im oben zitierten Interview mit Georg Gerster auf die notwendige «sorgfältige religiöse Berücksichtigung der Erfahrungen aus dem Unbewußten» ausdrücklich verweist und hinzufügt: «Ich sage absichtlich ‹religiös›, weil mir scheint, daß diese Erfahrungen, die dazu helfen, das Leben gesunder oder schöner zu machen oder vollständiger oder sinnvoller zu gestalten, für einen selbst oder für die, die man liebt, genügen zu bekennen: es war eine Gnade Gottes.»[22] Schon daraus erhellt, wie ärztliches Tun und die Hinführung zu religiöser Erfahrung bei C. G. Jung aufeinander bezogen sind und auch, obwohl er als Arzt und Psychologe spricht, keine wechselseitige Isolation dulden; denn schließlich geht es gerade Jung um die Ganzheit des Menschen und nicht nur um äußere medizinische Rezepturen.

Um den Gedankengang abzurunden, sei das soeben Besprochene durch einige Belege ergänzt, aus denen deutlich wird, weshalb dem Psychotherapeuten Jung jene innere Religiosität so wichtig war, die mit einer bestimmten äußeren kirchlichen und konfessionellen Zugehörigkeit nicht identisch sein muß, wohl aber ein existentielles Bedürfnis jedes Menschen darstellt.

In einem Vortrag «Über die Beziehung der Psychotherapie zur Seelsorge», 1932 in Straßburg vor Theologen gehalten, erzählte Jung, wie seine aus Angehörigen vieler Kulturnationen zusammengesetzte Klientel zum weitaus größeren Teil aus (religiös gleichgültigen) Protestanten, aus einer Minderzahl Juden, jedoch auffälligerweise aus nur ganz wenigen praktizierenden Katholiken bestehe. Nun wird man einer derartigen Mitteilung nicht eine etwaige unterschwellige Zuneigung zum Katholizismus entnehmen sollen, da der Zusammenhang auf die Bedeutung lebendiger Religiosität hinweist und die Zahlenverhältnisse schon für sich sprechen dürften. Jung bemerkt nun im gleichen Zusammenhang folgendes: «Unter allen meinen Patienten jenseits der Lebensmitte, das heißt jenseits 35, ist nicht ein Einziger, dessen endgültiges Problem nicht das der religiösen Einstellung wäre. Ja, jeder krankt in letzter Linie daran, daß er das verloren hat, was lebendige Religionen ihren Gläubigen zu allen Zeiten gegeben haben, und keiner wirklich geheilt, der seine religiöse Einstellung nicht wieder erreicht...»[23]

Diese (Wieder-)Entdeckung bzw. Bestätigung der religiösen Funktion in der Seele durch den Therapeuten zeigt dessen bisweilen problematische Stellung. Einerseits scheint sie auf der Grenzlinie zwischen dem Zuständigkeitsbereich des ärztlichen Psychologen und dem des kraft Ordination oder Weihe verordneten Seelsorgers zu liegen, sieht man einmal von der Seelsorge ab, die nicht weniger gültig im Sinne des «allgemeinen Priestertums aller Gläubigen» geschieht. Andererseits aber gibt es eben auch Situationen, in denen der Therapeut beides in einem sein muß oder sein sollte, Arzt und Seelsorger, ohne von der priesterlich-seelsorgerlichen Funktion irgendwie Aufsehen zu machen oder gar entsprechende Ansprüche zu stellen, soweit es sich um die regulären sakramentalen Vollmachten (z.B. der Absolution) handelt. Läßt man die Eigengestalt anderer psychotherapeutischer Entwürfe, die der Religiosität volle Geltung zusichern, außer acht, so stimmt Jung in diesem zentralen Punkt mit Männern wie Viktor E. Frankl[24] überein, der auf die psychohygienische, ja psychotherapeutische Wirksamkeit der Religion aufbaut, weil sie zwar nicht absichtlich, wohl aber tatsächlich «dem Menschen eine Geborgenheit und eine Verankerung sondersgleichen ermöglicht, die er nirgendwo anders fände, die Geborgenheit und die Verankerung in der Transzendenz, im Absoluten».[25] In eine ähnliche Richtung gehen die Beiträge des Schweizers Balthasar Staehelin, der sich bemüht, «die Sehnsucht zu fördern, Gott als Sein zu beherbergen».[26]

In einem späteren Abschnitt werden wir das angeschnittene Thema von neuem aufzunehmen haben, wenn wir nach den religionspsychologischen Voraussetzungen fragen, unter denen die Analytische Psychologie für das religiöse Leben Anstöße zu geben vermag.

# RELIGION – THEOLOGIE – PSYCHOLOGIE

An dieser Stelle ist ein Einschub zu machen, der der Verständigung dienen soll.

Mit einer gewissen Selbstverständlichkeit werden in dieser Schrift die Bezeichnungen Religion oder Religiosität, Theologie und Psychologie bzw. Analytische Psychologie benützt. Was ist damit gemeint? Wie wird das Verhältnis dieser Erkenntnis- und Erfahrungsbereiche gesehen?

Religion – ganz gleich ob wir das Wort von lateinisch ‹religere = heilige Vorschriften beachten› oder von ‹religare = rückverbinden› ableiten – wird durch das bestimmt, was der Mensch in der Hinwendung zu dem transzendent-jenseitigen und doch zugleich immanenten, in der Welt anwesenden Gott tut und was ihm in der Begegnung mit dem Unschaubaren widerfährt. Religion kann sich in der Gestalt einer traditionellen Kultusfrömmigkeit darstellen und ganz in den Bahnen der kirchlichen oder einer sonstigen Überlieferung verlaufen. Sie kann sich aber auch als eine Frömmigkeit des Herzens darstellen, etwa als Ausdruck einer liebenden Verehrung des Schöpfers und der dankbaren Zuwendung zu allem, was aus seiner Hand hervorgegangen ist.[27] Ein solcher Niederschlag dieser Form der Religiosität wäre beispielsweise in Christian Morgensterns Gedicht «Fußwaschung» zu sehen, in dem es heißt:

Ich danke dir, du stummer Stein,
Und neige mich zu dir hernieder:
Ich schulde dir mein Pflanzensein.

Ich danke euch, ihr Grund und Flor,
Und bücke mich zu euch hernieder:
Ihr halft zum Tiere mir empor.

Ich danke euch, Stein, Kraut und Tier,
Und beuge mich zu euch hernieder:
Ihr halft mir alle drei zu mir.

Wir danken dir, du Menschenkind,
Und lassen fromm uns vor dir nieder,
Weil dadurch, daß du bist, wir sind.

Es dankt aus aller Gottheit Ein-
Und aller Gottheit Vielfalt wieder.
In Dank verschlingt sich alles Sein.

So wäre an weitere vielfältige Formen der Religiosität zu denken, nicht zuletzt an die eindeutig christusbezogene Religiosität innerhalb wie außerhalb der Kirche. Von christlicher Theologie müssen religiöse Menschen, es seien Ungebildete oder philosophisch Geschulte, nichts wissen, denn:

Christliche Theologie, Rede und Lehre von Gott, nimmt den menschlichen Intellekt in Anspruch und macht die Wirklichkeiten des Glaubens zum Gegenstand des Nachdenkens. Es handelt sich dabei um die Besinnung auf das Handeln Gottes als Schöpfer, Erlöser und Heiliger Geist. Alle Theologie bezieht sich letztlich auf die Offenbarung, das heißt auf das in vielfältiger Weise an konkrete Menschen ergangene und überlieferte Wort Gottes. Liegt für den Theologen der Schwerpunkt bei den Offenbarungs*inhalten,* die im kirchlichen Dogma formuliert, das heißt in die Gedankensprache einer bestimmten Epoche ausgedrückt worden ist, so hat es der Psychologe, selbstverständlich auch der Tiefenpsychologe vom Rang eines C.G. Jung, einzig und allein mit der Psyche des Menschen zu tun. Er fragt danach, wie sich der *Empfang* jener das menschliche Bewußtsein erreichenden Glaubens- und Offenbarungsinhalte darstellt und was sich dabei zeigt, etwa wenn der betreffende Mensch entsprechende Bilder aus seinem Unbewußten aufsteigen sieht, die er nicht erdacht hat, die ihn aber zutiefst angehen.

Sprachen wir davon, daß religiöse Erfahrung nicht notwendigerweise vom theologischen Reflexionsvermögen des einzelnen abhängt, so kann auch umgekehrt der nicht selten zu beobachtende Fall eintreten, daß jemand zwar über ein umfassendes theologisches Wissen verfügt, mit dem er ein theologischen Streitgespräch bestreiten kann, ohne jedoch im Innersten davon religiös bewegt oder betroffen zu sein. Hier liegt bekanntlich die methodisch allein gar nicht zu bewältigende Aufgabe in der heutigen Theologenausbildung, nicht nur Wissen zu vermitteln, nicht nur Fähigkeiten im Umgang den biblischen Grundtexten oder im liturgischen und seelsorgerlichen Vollzug zu erproben, sondern den Studierenden zugleich Schritt für Schritt auf dem Weg einer Glaubenserfahrung zu geleiten. Deshalb kommt der Feststellung Karl Rahners so entscheidende Bedeutung zu: «Der Mensch von heute wird nur dann auch im Bereich seiner theoretischen Überzeugung und seines öffentlichen Bekenntnisses ein Glaubender sein, wenn er eine wirklich persönliche Erfahrung im Bereich des Christlichen gemacht hat und darin durch die kirchliche Verkündigung immer wieder neu eingeweiht und weitergeführt wird.»[28] Angesichts des Umbruchs und der Entleerungserscheinungen im seelisch-geistig-religiösen Leben, von denen wir sprachen, «stellt sich hier die schwierige, noch kaum erkannte Aufgabe, dem heutigen Menschen Wege zu einer solchen ursprünglichen Glaubenserfahrung zu weisen».[29]

Wie verhält sich nun der Psychologe zu dem, was Menschen religiös erfahren, wie zu dem, was auf Grund der Gottesoffenbarung durch die Theologie gedeutet und verkündet wird? – Die Psychologie, sofern sie in den Grenzen ihrer Zuständigkeit arbeitet, maßt sich nicht an, etwas über die geoffenbarte göttliche Wahrheit zu wissen. Sie behauptet auch nicht, diese Wahrheit zu vertreten oder Glaubensbekenntnisse zu beeinflussen. Sondern sie ist einzig und allein an die Wirklichkeit der Seele gewiesen, also an das, was in der Seele wirkt. Was sich dort manifestiert, was sich dort beobachten läßt, welche Bedeutsamkeit den dort aufsteigenden Bildern und Symbolen für die Harmonie und Ganzheit des Menschen zukommt; das allein ist Sache der Psychologie, doch niemals die religiöse Wahrheit. «Aber – so bemerkt Helmut Barz einmal, indem er sich als Psychologe an die Theologie wendet – es kann sein, daß man die Wahrheit, obgleich man sie in Händen hält, verdorren läßt, weil man die Frage nach der Wirklichkeit, die uns heute auf den Nägeln brennt, ignoriert. Und es scheint, daß wir heute weniger nach der fertigen Wahrheit als vielmehr nach dem Weg zur Wahrheit in der Wirklichkeit suchen. Denn, wie es bei Tillich heißt: ‹Wahrheit ist tot ohne den Weg zur Wahrheit.›»[30]

Ist eigentlich die Psychologie legitimiert, Kritik an der Theologie zu üben? – Ohne das soeben Gesagte aufzuheben, wird man doch auch sagen müssen: Sie ist zur Kritik berechtigt, wenn sie etwa auf Grund empirischer Beobachtung feststellt, daß zwar theologische Gehalte wie eh und je an die Menschen herangebracht werden, daß diese aber nicht oder nicht mehr in derselben Weise wie einst in der Lage sind, das theologisch Verkündete (Bibel, Dogma, Kultus) ihrem spirituell-religiösen Gehalt nach zu erfassen und in ihr gelebtes Leben zu integrieren. Derlei kritische Feststellungen macht der Tiefenpsychologe aber nicht etwa infolge einer im vornherein vorhandenen Skepsis aller Theologie gegenüber, etwa weil er selbst auf die tatsächlichen Bekundungen des Unbewußten achtet, sie dagegen in hohem Maße mit der Ratio arbeitet. Solche Befunde sind viel allgemeinerer Art. Sie stellen

eine Bestandsaufnahme dar, die für große Teile der Menschheit, die vorgibt, christlich zu sein, Gültigkeit hat. In diesem Sinn ist jedenfalls C. G. Jungs ernüchternde Diagnose gemeint:
«Die großen Ereignisse unserer Welt, die von Menschen beabsichtigt und hervorgebracht sind, atmen nicht den Geist des Christentums, sondern des ungeschminkten Heidentums. Diese Dinge stammen aus einer archaisch gebliebenen seelischen Verfassung, welche vom Christentum auch nicht von ferne berührt worden ist... Die christliche Kultur hat sich in erschreckendem Ausmaß als hohl erwiesen: sie ist äußerliche Politur; der innere Mensch aber ist unberührt und darum unverändert... Es kann daher der Fall eintreten, daß ein Christ, der zwar an alle heiligen Figuren glaubt, doch im Innersten der Seele unentwickelt und unverändert bleibt, weil er den ‹ganzen Gott draußen› hat und ihn nicht in der Seele erfährt. Seine ausschlaggebenden Motive und seine maßgebenden Interessen und Impulse erfolgen aus der unbewußten und unentwickelten Seele, die so heidnisch und so archaisch wie nur je ist, und keineswegs aus der Sphäre des Christentums. Nicht nur das Einzelleben, sondern auch die Summierung der Einzelleben im Volke erweist die Wahrheit dieser Behauptung.»[31]
Wie eine zusammenfassende Antwort auf die Frage, die uns in diesem Abschnitt bewegt hat, mutet die Feststellung an, die Jung im gleichen Zusammenhang trifft: «Die Psychologie befaßt sich mit dem Akt des Sehens, und nicht mit der Konstruktion neuer religiöser Wahrheiten... In der inneren Erfahrung erst offenbart sich die Beziehung der Seele zu dem äußerlich Vorgezeigten und Gepredigten als eine Verwandtschaft oder Entsprechung... Damit tut die Psychologie das Gegenteil von dem, was man ihr vorwirft: sie verschafft Möglichkeiten zum besseren Verständnis des Vorhandenen, sie öffnet das Auge für die Sinnerfülltheit der Dogmen...»[32]

# II

# C. G. JUNGS WEG ZU CHRISTUS

# C. G. JUNGS WEG ZU CHRISTUS

Geht man von der erwähnten Tatsache aus, daß C. G. Jung als Naturwissenschaftler angetreten ist, seine Aufgabe darin gesehen und erfüllt hat, als Arzt dem leidenden Menschen zu helfen, dann mag das Thema, das nach Jungs Weg zu Christus fragt, auf den ersten Blick irritieren.
Zwar räumt Jung in dem oben erwähnten Zitat nachdrücklich ein, daß er in seinem Tun die «Gnade Gottes» wirksam sehe, aber ein besonderer christlicher Wesenszug tritt hier nicht in Erscheinung. Das wird auch nicht dadurch einsichtig, daß man auf seine Herkunft verweist, auf seine in traditionellen Bahnen verlaufene christliche Erziehung in einem protestantischen Pfarrhaus. Das spezifisch Christliche in seinem Leben und Werk wird zunächst um so weniger deutlich, wenn man sieht, welche starke Beachtung er als Psychologe den östlich-fernöstlichen Religionen und esoterischen Überlieferungen geschenkt hat, als er einschlägige Texte («Das Geheimnis der Goldenen Blüte», «Das tibetanische Totenbuch» u.a.) kommentierte und eine Unzahl von Motiven aus dem weltweiten Reichtum religiöser Erfahrung neben Gehalten aus der mythischen Bildwelt bei der Deutung von Hervorbringungen aus dem Unbewußten heranzog.
Wenn wir in dieser Schrift unseren Blick auf Jungs Wegweisung zu Christus richten, dann wird es nötig sein, zuvor Jungs eigenen Weg zu Christus zu skizzieren. An Belegen dafür mangelt es nicht. An erster Stelle ist seine acht Jahrzehnte umspannende Autobiographie «Erinnerungen, Träume, Gedanken»[1] zu Rate zu ziehen. Aber auch in seinen Briefen finden sich wichtige autobiogra-

phische Notizen, die ein Licht auf unsere Frage werfen.[2] Mit einer für Biographien ungewöhnlichen Schonungslosigkeit und Offenheit, die selbst in verborgene Seelenbezirke Einblicke gewährt, schildert Jung seine Beziehung zum Religiösen und zum Christentum.

Nicht nur der Vater, der als Arabist promoviert war und während der längsten Zeit von Carl Gustavs Jugend in einer kleinen Pfarrei in der Nähe von Basel Dienst tat, und dessen zwei Brüder waren Theologen, sondern auch mehrere Verwandte aus der Familie der Mutter. Liest man, wie der kleine Junge im Umkreis von Pfarrhaus, Kirche und Friedhof eine Reihe von erschütternden Beobachtungen machte, wie er von Träumen und Alpträumen, von schlimmen Ahnungen heimgesucht wurde, die alle irgendwie mit dem Geheimnis des Gottesglaubens zusammenhingen, dann sollte man annehmen können, daß ihm an dem nötigen geistlichen Beistand nicht gemangelt haben dürfte. Doch dem war nicht so.

Da tauchte die Gestalt des «hêr Jesus» auf. Dieser Jesus war dem Kind zwar von den abendlichen Gebetsversen her bekannt. Doch dieser Jesus flößte ihm eher Schrekken und Mißtrauen ein, statt Trost und Geborgenheit zu vermitteln. Zu diesem «ersten bewußten Trauma» kam, daß der im schwarzen Talar amtierende Vater, der in rätselhafter Weise mit diesem nicht ganz geheuren «hêr Jesus» im Bunde zu stehen schien. Er war noch dazu assistiert von ebenfalls schwarz gekleideten Männern, die einen Sarg auf dem Gottesacker in die Erde versenkten. Solche Erlebnisse hinterließen, neben anderen, unauslöschliche Eindrücke. «Der ‹hêr Jesus› ist mir nie ganz wirklich, nie ganz akzeptabel, nie ganz liebenswert geworden, denn immer wieder dachte ich an seinen unterirdischen Gegenspieler, als an eine von mir nicht gesuchte, schreckliche Offenbarung.»[3]

Dieser unterirdische Gegenspieler war, wie Jung erst sehr viel später feststellte, ein ritueller Phallus, «ein unterirdischer, nicht zu erwähnender Gott», der in dem ersten lebhaft erinnerten Kindheitstraum in einem Erdloch emporragte und die Phantasie des Kindes aufrührte. Der Junge gab sich zwar Mühe, ein positives Verhältnis zu dem verkündigten Christus zu gewinnen – was erwartete man anderes von einem Pfarrerssohn? – doch das früh veranlagte Mißtrauen wollte nicht verschwinden. Der Religionsunterricht langweilte unsäglich und der Gang zur Kirche, ausgenommen an Weihnachten, war von deutlichen Unlustgefühlen begleitet. Viel näher, viel vertrauter wurde dem an Pflanzen, Tieren und Steinen interessierten Jungen die Welt des Geheimnisvollen. Schließlich war er ja durch den erwähnten Initialtraum «in die Geheimnisse der Erde eingeweiht... Es war eine Art Initiation in das Reich des Dunkeln. Damals hat mein geistiges Leben seinen unbewußten Anfang genommen.»[4]

Hingegen erzeugte das Lehrmäßige an der Religion ein ähnliches Unbehagen wie die ersten Kindheitseindrücke von «Jesus». Etwa vom 11. Lebensjahr an spielte die Gottesfrage eine zunehmende Rolle, indem sie neue Probleme, Besorgnisse und Ängste verursachte, andererseits aber auch Durchblicke vermittelte, zu religiösen Erfahrungen anregte. Doch das Mißtrauen und Unbehagen betraf mehr, ja ausschließlich die von außen an den Jungen herangetragene Form der Kirchlichkeit in Elternhaus, Schule und Gottesdienst. Die ganz anders geartete Geheimniswelt, in der der Junge lebte, schien sowohl dem Vater als auch den theologischen Verwandten fremd zu sein. Am ehesten hatte noch die Mutter einen instinktiven Zugang zu der Sphäre, in der ihr Kind lebte. «Damals kamen auch profunde Zweifel an allem, was mein Vater sagte. Wenn ich ihn über die Gnade predigen hörte, dachte ich immer an mein Erlebnis. Was er sagte, klang schal und hohl, wie wenn einer eine Geschichte erzählte, die er selber nicht ganz glauben kann oder nur vom Hörensagen kennt.» Und nun schreibt Jung in seinem auto-

biographischen Bericht davon, wie er, der Schuljunge, dem Theologen und beamteten Diener der Kirche «helfen» wollte. Wie immer sich dies für das Bewußtsein des Sohnes dargestellt haben mag, so dürfte doch feststehen, daß hier religiöse Erfahrung und ein theologisches Wissen, das dieser unmittelbaren Erfahrung entbehren mußte, miteinander konfrontiert waren. Und Jung fährt im Bericht fort:
«Ich habe später, als ich achtzehn Jahre alt war, viele Diskussionen mit meinem Vater gehabt, immer mit der heimlichen Hoffnung, ihn etwas von der wunderwirkenden Gnade wissen zu lassen und ihm dadurch in seinen Gewissensnöten zu helfen. Ich war überzeugt, daß, wenn er den Willen Gottes erfüllte, sich alles zum Besten wenden würde. Unsere Diskussionen hatten aber immer ein unbefriedigendes Ende.»[5] So sah sich der Heranwachsende mit Realitäten konfrontiert, die ihn zutiefst angingen, über die er mit einem Wissenden gerne gesprochen hätte. Doch er sah sich allein gelassen. Was C.G. Jung als Problem und als Einsicht aufgegangen war, zwang ihn, man kann sagen: lebenslang, zur Einsamkeit. Und wenn man daraufhin die Briefe durchliest, dann ist die Freude bei ihm übergroß, wenn er einem Briefpartner sagen kann, er sei einer der ganz Wenigen, die ihn verstanden hätten...
An dieser Stelle sei an eine frühe Arbeit erinnert, die der 34jährige C.G. Jung über «die Bedeutung des Vaters für das Schicksal des einzelnen» (1909) schrieb. Dort heißt es: «Wenn wir je eine dämonische Schicksalsmacht am Werke sehen wollen, so sehen wir sie hier in diesen düsteren und schweigsamen Tragödien, die sich langsam und qualvoll in den kranken Seelen unserer Neurotiker vollenden... Wenn wir Normale unser Leben durchforschen, so sehen auch wir, wie eine mächtige Hand uns unfehlbar zu Schicksalen leitet, und nicht immer ist diese Hand eine gütige zu nennen. Oft heißen wir sie die Hand Gottes oder des Teufels und drücken damit einen psychologisch höchst

wichtigen Faktor unbewußt richtig aus, nämlich die Tatsache, daß der das Leben unserer Seele gestaltende Zwang den Charakter einer autonomen Persönlichkeit hat, beziehungsweise als solcher Art empfunden wird, so daß von jeher und auch noch im heutigen Sprachgebrauch die Quelle derartiger Schicksale als ein Dämon, als ein guter oder böser Geist, erscheint.»[6]

Jung mochte an seine eigene Kindheit gedacht haben, als er diese Sätze niederschrieb, und auch daran, welche Problematik mit seinem und dem Schicksal seines Vaters verknüpft war. Diese Stelle zeigt aber auch, wie der Autor zu diesem Zeitpunkt (1909) noch von jenem zwanghaften, determinierten Denken behaftet war, wie wir es von seinem damaligen verehrten Meister S. Freud kennen. Da ist, so scheint es, noch nichts von dem spezifisch christlichen Verständnis zu spüren, noch nichts von der Möglichkeit einer Befreiung, noch nichts von der Aussicht, daß der Zauberkreis der Triebwelt durchbrochen werden könnte. Jung hatte die innere «Kehre» noch nicht erreicht, deren äußere Konsequenz die Trennung von Freud darstellen sollte.

Im Lebensrückblick kann Jung immerhin von sich sagen, daß Gott, um den schließlich sein Denken und Streben kreiste, die sicherste Gewißheit darstellte, die es für ihn überhaupt gab. Das bedeutete jedoch keineswegs eine Versöhnung mit dem kirchlichen Christentum seines Elternhauses und schon gar nicht eine Versöhnung mit der Theologie, die sein Vater repräsentierte oder wenigstens repräsentieren sollte. «Es wurde mir leichter, je weiter ich der Kirche rückte», notiert der Autobiograph einmal.[7] Was den Sohn bedrückte, war die unausweichliche Folge, die sich aus dem belasteten Spannungsverhältnis zwischen seiner eigenen Innenerfahrung und dem theologisch-rationalen Gedankengebäude ergab, denn: «Die Theologie hatte meinen Vater und mich entfremdet... Ich war erschüttert und empört zugleich, weil ich sah, wie hoffnungslos er der Kirche und ihrem theologischen Denken verfallen war. Sie hatten ihn treulos verlassen, nachdem sie ihm alle Möglichkeiten, unmittelbar zu Gott zu gelangen, verrammelt hatten.» [8]

Diese Sicht wird Jung lebenslang bewußt gewesen sein. Jedenfalls versuchte er schon einige Jahre vor der Aufzeichnung der Autobiographie einem protestantischen Theologen (Walter Bernet [9]) die Ausgangssituation deutlich zu machen, die einerseits durch den erwähnten Gegensatz, andererseits durch die materialistischen Voraussetzungen maßgeblich bestimmt war, mit denen er als angehender Naturwissenschaftler hatte fertig werden müssen: «Die Tragik meiner Jugend war – so heißt es im Brief vom 13. Juni 1955 an Bernet – daß ich meinen Vater sozusagen vor meinen Augen am Problem seines Glaubens zerbrechen und eines frühen Todes sterben sah. [10] Das war das objektive Ereignis, das mir für die Bedeutung der Religion die Augen öffnete. Subjektive innere Erlebnisse haben es verhindert, daß ich aus dem Schicksal meines Vaters in bezug auf den Glauben negative Schlüsse zog, die nahegelegen hätten. Ich bin ja in der Blütezeit des Wissenschaftsmaterialismus aufgewachsen, hatte Naturwissenschaften und Medizin studiert und bin Psychiater geworden. Mein Bildungsgang einerseits hat mir nichts offeriert als Gegengründe, und andererseits war mir das Charisma des Glaubens versagt...» [11]

Für Jung gab es demnach nur die Möglichkeit einer klaren Grenzziehung zwischen seiner religiösen Eigenerfahrung (die er bemerkenswerterweise vom «Charisma des Glaubens» unterscheidet) und der Theologie, genauer: jener Theologie, wie sie ihm damals, freilich auch noch später begegnet ist. Es ist anzunehmen, daß Jungs Urteile über Kirche, Theologie und Verkündigung ganz anders, entschieden positiver ausgefallen wären, wenn er in ihnen etwas von der Strahlkraft religiöser Unmittelbarkeit gespürt hätte. Die Briefwechsel mit den schon erwähnten Theologen wie V. White, Hugo Rahner, Gebhard Frei, um nur sie zu nennen, spricht für diese Annahme. Was nun die fragliche Entfremdung betrifft, so faßt Jung zusammen: «So viel stand für mich fest, und ebenso sicher war mir, daß keiner der mir bekannten Theologen ‹das Licht, das in die Finsternis schien›, mit eigenen Augen gesehen hatte, sonst hätten sie keine ‹theologische Religion› lehren können. Mit der ‹theologischen Religion› konnte ich nichts anfangen; denn sie entsprach nicht meinem Gotteserlebnis. Ohne Hoffnung auf Wissen forderte sie auf zu glauben. Das hatte mein Vater mit größter Anstrengung versucht und war daran gescheitert... Ich hatte erkannt, daß der mir immer hochgepriesene Glaube ihm diesen fatalen Streich gespielt hatte und nicht nur ihm, sondern den meisten gebildeten und ernsthaften Leuten, die ich kannte. Als die Erzsünde des Glaubens erschien mir die Tatsache, daß er der Erfahrung vorgriff.» [12]

Nun wird man freilich den Einwand nicht unterdrücken dürfen, daß Jung hier und andernorts mit einem Glaubensbegriff operiert, der der christlichen Glaubenswirklichkeit kaum gerecht wird. Jung schließt sich bedauerlicherweise der im Grunde rationalistischen Vulgärmeinung an, wonach «glauben» soviel wie «nicht wissen» oder ein illusionäres «für wahr halten» darstelle. Mit dem christlichen Glaubensbegriff sind derlei Unterstellungen keinesfalls zu vereinen. Jung verkennt daher, daß christlicher Glaube nicht zuletzt eine Erkenntnisfunktion zu erfüllen vermag und somit selbst eine Weise religiöser Erfahrung darstellt. [13] Auf Grund derartiger Mißverständnisse erscheint es angezeigt, das theologisch anmutende Vokabular des Psychologen gegebenenfalls zu «übersetzen». Denn eigentlich tritt Jung für eine originäre Glaubenserfahrung durchaus ein. Er zieht sie einem bloßen Reden über die Glaubenstatsachen bei weitem vor. Mehr noch, er verlangt von dem, dem die Rede von

Gott aufgetragen ist, eben vom Theologen, daß er selber eine innere Beziehung der Betroffenheit und des Ergriffenseins zu dem Inhalt der Verkündigung habe. Ist das etwa zuviel verlangt?

So sind es erhebliche Mißverständnisse, schicksalhafte Verkettungen, die sich C. G. Jung auf seinem Weg zu Christus als Hindernisse entgegengestellt haben. Wie konnte er sie überwinden? Etwa durch Vertiefung in die Naturwissenschaft und Medizin seiner Zeit oder etwa während der zeitweiligen Verbindung mit Sigmund Freud? Und inwiefern kann denn bei Jung von einer Hinkehr zu Christus gesprochen werden?

Immer wieder spricht Jung von der ihn bedrängenden Einsamkeit, die ihn sowohl in jungen Jahren als auch im Alter umgab: «Meine ganze Jugend kann unter dem Begriff des Geheimnisses verstanden werden. Ich kam dadurch in eine fast unerträgliche Einsamkeit, und ich sehe es heute als eine große Leistung an, daß ich der Versuchung widerstand, mit jemandem davon zu sprechen. So war damals schon meine Beziehung zur Welt vorgebildet, wie sie heute ist: auch heute bin ich einsam, weil ich Dinge weiß und andeuten muß, die die anderen nicht wissen und meistens auch gar nicht wissen wollen.» [14]

Nun ist es sehr bedeutsam zu sehen, wie Jung von diesem Motiv der Einsamkeit her eine Verbindungslinie zu dem Apostel Paulus schlägt: «Gab es je einen Einsameren als Paulus? Sogar sein ‹Evangelium› traf ihn unmittelbar, während er die Männer in Jerusalem verfolgte wie das ganze römische Reich», schreibt er Anfang 1948 an Victor White[15]. Hierbei handelt es sich keinesfalls um eine beiläufige Erwähnung dieses Apostels, der auf eine so außerordentliche Weise zu Christus, dem Auferstandenen und Erhöhten, gefunden hatte und der so großen Wert auf die Feststellung legte, von der Jerusalemer Tradition der zwölf Jesus-Jünger völlig unabhängig zu sein, weil er die Heilsbotschaft nicht von Menschen,

sondern durch eine Offenbarung (apokálypsis) Christi in sich (en emoi) empfing.[16]
Was will deshalb eine Erinnerung an diesen Apostel zur Deutung seines eigenen Lebensgangs besagen? Sollte C.G. Jung in Paulus den Prototypus seines eigenen Weges sehen? – An der genannten Briefstelle fügt er bedeutsam hinzu: «Ich ersehnte den Beweis des lebendigen Geistes und erhielt ihn... Ich weiß, daß mir der Weg von einer Hand vorgeschrieben wurde, die weit über mich hinausreicht.»
Hier spricht also Jung ausdrücklich von seinem eigenen «Weg», wohlwissend, wie «verdammt groß» das tönt; kein Wort mehr von dunklen, determinierten Triebschicksalen, die aus der Hand eines guten oder eines bösen Dämons hinzunehmen sind! Dabei steht die Auffassung des 73jährigen nicht etwa allein da. Ein Brief an den protestantischen Theologen Walter Uhsadel, zwölf Jahre zuvor abgefaßt, liefert uns den ausdrücklichen Beleg dafür, daß Jung nicht nur seinen eigenen Weg unter einem deutlichen christlich-religiösen Vorzeichen gesehen hat. Worin er die besondere Aufgabe des Tiefenpsychologen erkannte, hier als «Seelenerzieher» verstanden – Paulus spricht einmal vom ‹paidagogós auf Christus hin› – drückt folgende wichtige Briefstelle aus: «Mir scheint, die wichtigste Aufgabe des Seelenerziehers der Gegenwart wäre es, den Menschen einen Weg zu zeigen, wie sie zu der Urerfahrung gelangen, welche z.B. Paulus auf dem Weg nach Damaskus am deutlichsten gegenübergetreten ist. Nach meiner Erfahrung eröffnet sich dieser Weg nur im seelischen Entwicklungsprozeß des einzelnen...»[17]
Darauf wird später einzugehen sein.
Kehren wir nochmals zu dem Bekenntnis zurück, das Jung 1955 im Brief an Walter Bernet ausgesprochen hat, dann findet sich hier expressis verbis, wonach wir suchen; denn er schreibt: «Ich war auf die Erfahrung allein angewiesen. Immer stand mir das Damaskuserlebnis des Paulus

vor Augen, und ich fragte mich, wie sein Schicksal ohne seine Vision wohl ausgefallen wäre. Dieses Erlebnis ist ihm aber zugestoßen, als er blind seinen eigenen Weg verfolgte. Ich zog damals als junger Mensch den Schluß, daß man offenbar sein Schicksal erfüllen müsse, um dorthin zu gelangen, wo einem ein donum gratiae (Geschenk der Gnade) zustoßen könnte.»[18]

Nicht genug damit. Jung bringt an der zitierten Stelle mit diesem seinen Gnadenerlebnis den Ursprung seiner Psychologie in Zusammenhang!

Das alles will doch besagen, daß Jung nicht allein ein Damaskuserlebnis durchgemacht hat, das ihm zu einem Weg zu Christus geworden ist, sondern daß er gerade als Seelenarzt und «Seelenerzieher» seinen Patienten eine entsprechende Wegweisung schuldig war, schuldig zu sein fühlte. Da er sich an die der Kirche Entfremdeten und an die religiös Entwurzelten gewiesen sah, schieden im vornherein die Glaubensvoraussetzungen aus, die seine theologischen Briefpartner[19] stillschweigend machten. Für die theologische Bewertung der Jungschen Selbstinterpretation dürfte indes zweierlei von besonderem Belang sein: einmal die Tatsache, daß Jung dieses sein Suchen, Irren und endliches Finden unter dem Zeichen der Gnade gestellt sah und nicht etwa als eine geplante religiöse Eigenleistung mißverstand; zum anderen, daß er sich nicht als einen vollendeten Heiligen verkannte. Als Psychologe wußte er um die Gefahr einer psychischen Inflation, die einer maßlosen Selbstüberschätzung gleichkommt und einen Wirklichkeitsverlust nach sich zieht. Auch bekannte er sich zeitlebens zu seinen eigenen Schwierigkeiten, seinen Mängeln, seinem «Schatten», kurz: zu seiner Konflikthaftigkeit, die auch durch ein Damaskuserlebnis nicht einfach aufgehoben ist. «Selbst dem Christen Paulus schlug ein gewalttätiger Saulus als Satansengel ins Gesicht.[20] Diesem Kampf sollte man wohl nicht in eine vorzeitige und antizipierte Erlöstheit ausweichen...»[21]

Demnach gibt es gute Gründe, bei Jung, dem zum Zweifel und zur Skepsis durchaus Fähigen, von einem Weg zu sprechen, der nicht zu einer allgemeinen, undifferenzierten Religiosität, sondern der zu dem Christus des Neuen Testaments führt. Daß sich der Psychologe ausgerechnet auf den Apostel Paulus beruft und ihn als Kronzeugen seines eigenen Christseins in Anspruch nimmt, ist offenbar kein Zufall. Denn beide Male verläuft der Weg zu Christus *außerhalb* der Bahnen, die die institutionelle Kirche für ihre Gläubigen bereit hält. Beide Male geschieht das Entscheidende ohne die Vermittlung eines «Amts». Beide Male wird der Mensch auf dem Weg von einem Größeren, Mächtigeren überwältigt. Jungs Urteil könnte nicht knapper, aber auch nicht vollständiger ausgedrückt werden als durch die Worte: «Es war eine Gnade Gottes...»

# DIE NIKODEMUS-FRAGE: INZEST ODER WIEDERGEBURT

Wer die bewegende Frage nach dem Weg stellt, der bei C. G. Jung als dessen Weg zu Christus verstanden werden kann, der darf sich, wie wir gesehen haben, nicht mit dem Hinweis auf Jungs Abstammung aus einer Theologenfamilie begnügen. Jedenfalls empfing er von hier gerade nicht die unmittelbaren positiven Anstöße, die ihm weitergeholfen hätten. Wir müssen vielmehr nach dem inneren Prozeß fragen, dessen Ertrag sich bis zu einem gewissen Grade in seinem eigenen Forschen niedergeschlagen und somit mit seinem Werk verbunden hat. Über die fragliche Zeit seines Lebens schreibt Jung zusammenfassend: «Die Jahre, in denen ich den inneren Bildern nachging, waren die wichtigste Zeit meines Lebens, in der sich alles Wesentliche entschied. Damals begann es, und die späteren Einzelheiten sind nur Ergänzungen und Verdeutlichungen. Meine gesamte spätere Tätigkeit bestand darin, das auszuarbeiten, was in jenen Jahren aus dem Unbewußten aufgebrochen war und mich zunächst überflutete. Es war der Urstoff für ein Lebenswerk.» [22]

Aber wann ist dieser Prozeß in seine entscheidende Phase eingetreten, die für Jung eine Lebenswende bedeutete? – Die Antwort hat er in seinen Erinnerungen in der gleichen Ausführlichkeit gegeben. Äußerlich wird der Wendepunkt u.a. durch die Veröffentlichung seines Buches «Wandlungen und Symbole der Libido», sodann vor allem durch den endgültigen Bruch mit S. Freud deutlich genug markiert. Da die Fakten in allen für uns aufschlußreichen Details bekannt sind, [23] müssen sie hier nicht referiert werden. Was sich äußerlich zutrug, war für Jung jedoch von sekundärer Bedeutung. Deshalb hat er aus der Zeit nach der Trennung von aufwühlenden Innenerlebnissen zu berichten, die eine Analogie zu dem vor Damaskus niedergeworfenen und geblendeten Paulus rechtfertigen: Es war für Jung eine Zeit der Verfinsterung und der seelisch-geistigen Desorientiertheit, die sich über einige Jahre erstreckt hat. Auf ein Motiv, das schon während der Auseinandersetzung mit Freud eine wesentliche Rolle spielte und das ihn in entsprechenden Abwandlungen lebenslang beschäftigen sollte, nämlich das Motiv der Wandlung und der Neuwerdung, trat Jung in folgender Weise entgegen:

Die hohe Wertschätzung, die Jung zeitlebens der Person und dem Werk Sigmund Freuds entgegenbrachte, konnte ihn nicht über erhebliche Mängel hinwegsehen lassen. Über die Unterschiede im Ansatz waren sich beide Forscher im vornherein im klaren. Der Briefwechsel bestätigt diese Tatsache ausdrücklich. Freud schreibt beispielsweise in seinem zweiten Brief vom 7. Oktober 1906 an Jung:

«Daß Sie die Schätzung für meine Psychologie nicht voll auf meine Anschauungen in der Hysterie- und Sexualitätsfrage ausdehnen, habe ich nach Ihren Schriften längst vermutet, verzichte aber nicht auf die Erwartung, Sie würden mir im Laufe der Jahre viel näher kommen, als Sie es jetzt für möglich halten.»[24]

Und wenn es auch zu zwischenzeitlichen Annäherungen gekommen sein mag, so zeigte sich schließlich doch, daß eine unüberbrückbare Kluft bestand. Diese rührte nicht etwa von der Neurosentheorie Freuds her. Sie ergab sich auch nicht nur aufgrund unterschiedlicher Anschauungen in Fragen der Traumdeutung. Selbst in der Bewertung der Sexualität hat Jung anfangs, wenngleich in modifizierter Form, Freud Verständnis entgegengebracht. Was Jung letztlich von Freud trennte, trennen mußte, das war «der reduktive Kausalismus seines allgemeinen Standpunktes», das heißt jene Enge, die dadurch entstand daß Freud eine zielgerichtete Tendenz in der Psyche übersah. «Freuds Schrift ‹Die Zukunft einer Illusion› datiert später, gibt aber eine für die früheren Jahre erst recht gültige Darstellung seiner Anschauungsweise, welche sich innerhalb der Grenzen des für das ausgehende 19. Jahrhundert charakteristischen Rationalismus und Wissenschaftsmaterialismus bewegt.» [25]

Um eine solche Blickverengung, die nicht zuletzt für das Verstehen oder Mißverstehen religiöser Tatbestände folgenreich ist, handelt es sich, wenn beispielsweise erotisch-sexuelle Motive in psychischen Produktionen – übrigens auch in künstlerischen und in religiösen Gestaltungen – unübersetzt bleiben. Man denke nur an die religiöse Kunst des Ostens, an die Polarität von Yang und Yin, an die vielfältigen Formen der heiligen Hochzeit, die Lingam-Yoni-Symbolik oder an den hohen Anteil erotischer Momente in der Sprache der Mystik aller Zeiten! Jung folgert:

«Wenn wir an der Einseitigkeit sexueller Deutung hängen bleiben, so entgeht uns der eigentliche Sinn der Träume. Das Sexuelle in Träumen ist in erster Linie Ausdrucksmittel und keineswegs immer der Sinn und das Ziel des Traumes...» [26]

Im Jahre 1912, in dem diese Zeilen niedergeschrieben wurden, legte Jung auch sein Werk «Wandlungen und Symbole der Libido» vor. Es bezeichnet insofern einen Wendepunkt auf Jungs Entwicklungsweg, als der Autor in diesem Buch seine Position gegenüber derjenigen Freuds deutlich macht, und zwar bedeutungsvollerweise unter Hinweis auf das Christus-Mysterium der Wiedergeburt. Schon von daher gesehen, handelt es sich um mehr als nur um die Formulierung eines wissenschaftlichen Standpunkts gegenüber einem anderen. Die menschliche Reifungskomponente, die darin enthalten ist, darf nicht übersehen werden.

Der Problemzusammenhang war durch den sogenannten

Inzest-Komplex gegeben. Freud war auf diese ungemein numinose Vorstellung gestoßen, die Jung später den Inzest-Archetypus genannt hat. Freilich konnte sich Freud offenbar nicht die nötige Klarheit darüber verschaffen, daß dieses «urtümliche Bild» im Blick auf seinen über sich selbst weit hinausweisenden Sinngehalt erst gedeutet werden müsse. Solange ein so heikles Thema konkretistisch verkürzt gesehen wird, verzichtet man gerade darauf, dessen symbolische Deutekraft zu nützen, die den vordergründigen biologisch-sexuellen Zauberkreis zu durchbrechen vermag. Und was für den psychotherapeutischen Prozeß von großer Wichtigkeit ist, das gilt sowohl für den menschlichen Erkenntnis- und Reifungsprozeß im allgemeinen wie für die religiöse Wandlung (Metanoia) im besonderen; «denn nur das, was den Patienten über sich und seine Ichbefangenheit hinausführt, bringt Heilung... Wenn Symbole reduziert werden, so wird dadurch ihre Sinndeutung verunmöglicht.»[27] Und an anderer Stelle: «Wie das Wort ‹Bedeutung› anzeigt, ist ‹Deutung› zur Erfassung eines Sinnes unerläßlich. Mit den nackten Tatsachen allein ist an sich kein Sinn gegeben...»[28] Entscheidend ist freilich, wie diese «Deutung» bewerkstelligt wird, ob lediglich eine das Wissensbedürfnis befriedigende «Erklärung» gegeben wird oder ob der Deutende einen Zugang zur Erfahrung des Sinngehaltes bahnen hilft.

Bedeutsam ist es nun, daß Jung schon im Jahr 1912 auf das Gespräch des Christus mit Nikodemus verweist, in dessen Mittelpunkt die Antwort auf das Problem gegeben wird, von dem wir sprechen (Joh. 3)[29]. Christus spricht dort von der neuen Geburt des Menschen als von dem Ziel des Weges, «das Reich Gottes zu sehen» und in dieses Reich «einzutreten». Nikodemus mißversteht Christus, indem er konkretistisch an einen Regressus denkt, nämlich an die Rückkehr in den Mutterschoß. Die zweite Geburt wäre demnach eine Unmöglichkeit, abgesehen davon, daß eine solche Rückkehr den Status menschlicher Verlorenheit aufrecht-

erhielte. Christus hingegen gebraucht das Bild der Geburt symbolisch. Nicht die leibliche Zeugung eines Kindes ist gemeint, sondern «Gotteskindschaft», die das Johannesevangelium – unter Gesetz und Evangelium des Stirb und Werde – als eine «Geburt von obenher» begreift.[30]
Jung erkannte demnach, daß Christus dem natürlichen Geburtsvorgang die symbolische Bedeutung der Wiedergeburt «aus Wasser und Geist» gegenüberstellt, wobei die Aussagekraft des Wasser-Symbols besonders hervorzuheben wäre. Wesentlich war es für Jung, daß «dem im Konkreten gefangenen Geist ein neues Gefälle angeboten wurde, das ihn von der natürlichen auf die geistige Wirklichkeit hinüberzuleiten vermochte.»[31]
Schrieb Jung in der Erstfassung von «Wandlungen...»: «Nikodemus bliebe in platter Alltäglichkeit stecken, wenn es ihm nicht gelänge, symbolisch sich über seinen Konkretismus zu erheben», so fuhr er ein Menschenalter danach, in der vierten Auflage des unter neuem Titel erschienenen Werkes fort: «Die symbolische Wahrheit dagegen, welche Wasser an die Stelle der Mutter, Geist oder Feuer an die des Vaters setzt, bietet der in der sogenannten Inzesttendenz gebundenen Libido ein neues Gefälle an, befreit sie und leitet sie über in eine geistige Form.»[32]
Mit größerer Deutlichkeit könnte kaum der Unterschied zweier Positionen hervorgehoben werden, denn während Freud das archaische Bild mit einem verdrängten Inzestwunsch verwechselt, wehrt Jung diese Reduktion des symbolischen Bildes auf ein konkretes Verlangen mit dem Hinweis ab:
«Es ist nicht die inzestuöse Kohabitation, die gesucht wird, sondern die Wiedergeburt, zu der man allerdings am ehesten durch Kohabitation gelangen könnte. Dies ist aber nicht der einzige Weg, obschon vielleicht der ursprüngliche. Das Hindernis des Inzestverbotes macht die Phantasie erfinderisch... Versuche in dieser Hinsicht bleiben natürlich im Stadium mythischer Phantasien stecken. *Einen*

Erfolg aber haben sie, und das ist die Übung der Phantasie, welche allmählich eben durch die Schaffung von phantastischen Möglichkeiten Bahnen herstellt, auf denen die Libido ... abfließen kann. So wird die Libido auf unmerkliche Weise geistig.»[33]

Ohne weitere Aspekte dieser Thematik anhand der zahlreichen Belege, die sich in Jungs Werken finden, zu beleuchten, begnügen wir uns mit der Feststellung, die Jung zwei Jahrzehnte später im Brief an eine Holländerin im Jahr 1934 schrieb:

«Hinter all den Rationalisierungen der Freudschen Theorie stehen immer noch Tatsachen, die verstanden werden wollen. Es nützt gar nichts, sie mit der bekannten Formel des ‹nichts als› zu entwerten. Gelingt es ausnahmsweise, die innere Forderung zum Schweigen zu bringen, so hat man etwas verloren, und der Mensch bezahlt seine anscheinende Beruhigung mit einer inneren Verödung. Die irrationalen Gegebenheiten, die sich indirekt als ‹Inzestkomplexe›, als ‹infantile Phantasien› etc. manifestieren, sind auch noch einer ganz anderen Auffassung fähig. Es sind Mächte der Seele, welche andere Zeiten und andere Kulturen auch in einem anderen Licht gesehen haben.»[34] In den «Erinnerungen», in denen Jung nochmals auf diese Problematik zu sprechen kommt, faßt er wie folgt zusammen: «Für mich bedeutet der Inzest nur in den allerseltensten Fällen eine persönliche Komplikation. Meist stellt er einen hochreligiösen Inhalt dar, weshalb er auch in fast allen Kosmogonien und zahlreichen Mythen eine entscheidende Rolle spielt.»[35]

Was können wir aus alledem für unsere Thematik entnehmen? – Kennzeichnend für diese Positionsbestimmung ist zweifellos, daß Jung ein Kernstück des Evangeliums und der christlichen Verkündigung überhaupt für seine therapeutische Arbeit fruchtbar gemacht hat. Weiter ist es bemerkenswert, daß Jung aus Johannes schöpft, das heißt aus jenem Evangelium, das seit der frühesten Christenheit als ein «geistiges Evangelium» (Clemens von Alexandrien) gewürdigt wird und dessen besondere Sichtweise auch und gerade zur Vertiefung der Christuserkenntnis Wesentliches beizutragen hat.[36] Hinzu kommt, daß Jung sich nicht allein auf Johannes beruft, der unter den vier Evangelisten eine Sonderstellung beanspruchen kann, sondern – wie erwähnt – auch auf Paulus, der gegenüber den zwölf Aposteln eine Sonderstellung beansprucht hat (Gal. 1), nämlich im Hinblick auf die Unmittelbarkeit seiner Christus-Offenbarung, der er vor Damaskus teilhaftig geworden ist.

Diese beiden urchristlichen Autoritäten sind es also, die die innere Linie des Entwicklungsweges von C. G. Jung bestimmen, indem sie auf das Opfer des natürlichen Menschen um der Neugeburt willen und auf die Notwendigkeit geistig-seelischer Urerfahrung aufmerksam machen. Da wir uns nun Klarheit darüber verschaffen sollten, welchem Typus christlicher Frömmigkeit Jung zuzurechnen ist, wird die Eigenart des johanneischen und des paulinischen Christusverständnisses mitberücksichtigt werden müssen.

Schließlich wollen wir einstweilen festhalten, unter welcher begrifflicher Voraussetzung es Jung möglich wurde, zu einem vertieften Verständnis des Nikodemus-Berichts und der Inzest-Problematik zu gelangen. Es ist eine Bestimmung des Symbolbegriffs, der weder mit einem eindimensional bleibenden Zeichen noch mit einer Allegorie, einem bildhaften Vergleich, zu verwechseln ist. Ein echtes Symbol weist immer über das hinaus, was es vordergründig zum Ausdruck bringt. Jungs Symbolbegriff gehört daher zu den Elementen auch einer theologischen Hermeneutik, denen wir uns in einem späteren Abschnitt zuwenden werden.

# EIN TYPUS CHRISTLICHER FRÖMMIGKEIT

Gingen wir von der nach wie vor ernst zu nehmenden Feststellung aus, wonach Jung als Psychologe keinerlei religiöse Ziele verfolgt hat, so ist an der Tatsache doch nicht vorbeizusehen, daß er von seinem besonderen Standort aus zu kirchlich-religiösen Erscheinungsformen auf vielfältige Weise Stellung genommen hat. Dadurch hat er sich, sofern er in seiner Bemühung überhaupt verstanden wurde, der Kritik, wenn nicht der Ablehnung durch die Theologie ausgesetzt. So mußte er sich Etikettierungen gefallen lassen, durch die er als Häretiker (Irrlehrer) oder als Schismatiker (der außerhalb der Kirche steht) abqualifiziert worden ist. Auf einem anderen Blatt steht, von wo aus derartige Verurteilungen jeweils verhängt werden.

Für die Anwendung der erwähnten Kategorien mag sprechen, daß Jung, an formulierten Dogmen gemessen, in wichtigen Punkten, etwa in der Wesensbestimmung des Bösen oder in der Frage nach der Quaternität, von der offiziellen Kirchenlehre abweicht und daß er damit in eine deutliche Distanz zum kirchlichen Christentum, zum römisch-katholischen wie zum protestantischen, gerät.

Gegen die Anwendung dieser Begriffe auf Jung spricht jedoch Gewichtiges. Sowohl der Terminus Häretiker wie auch der des Schismatikers ist auf das kirchliche, das im ursprünglichen Wortsinne katholische Christentum bezogen. Der Häretiker weicht von allgemein anerkannten Dogmen ab, ohne sich völlig von der Kirche zu trennen, während der Schismatiker von sich aus oder auf Grund des Schiedsspruchs der verfaßten Kirche eine Trennung vollzieht. Nun hat zwar Jung bestimmten häretischen Gruppierungen, etwa der frühchristlichen Gnosis bzw. dem Gnostizismus, große Aufmerksamkeit geschenkt[37]. Das geschah jedoch nicht etwa, weil er damit ein Bekenntnis zu einer häretischen Strömung ablegen wollte, sondern weil er in der Gnosis der ersten Jahrhunderte eine «Präfiguration» seiner psychologischen Erkenntnisse suchte. Er sah ein, daß die Psychologie, die mehr als irgendeine andere Wissenschaft der persönlichen Voraussetzung unterliegt, «in hohem Maße auf historisch-dokumentarische Vergleiche angewiesen» sei[38]. Keinesfalls sollte damit oder durch seine nachfolgende Erforschung der Alchymie eine konfessionelle Standortbestimmung gegeben werden, ganz zu schweigen von einer etwaigen Entfernung vom Christentum als solchem. Jungs generelle Stellungnahme läßt sich in einem Wort aus dem Jahre 1934 so zusammenfassen:

«Das Christentum ist unsere Welt. Alles, was wir denken, ist die Frucht des Mittelalters, und zwar des christlichen Mittelalters. Unsere ganze Wissenschaft, alles, was durch unsern Kopf geht, ist unweigerlich durch dieses Historische hindurchgegangen. Das lebt in uns, es ist uns eingeprägt für immer und für alle Zeiten und wird stets eine lebendige Schicht unserer Psyche bilden, ganz wie irgendwelche stammesgeschichtlichen Überbleibsel in unserem Körper... Wir sind unweigerlich als Christen geprägt.»[39]

Könnte das während eines Seminarvortrags Gesagte so gedeutet werden, als seien wir lediglich durch ein Schicksalsverhängnis christlich tingiert, so lassen sich unschwer ergänzende Äußerungen, die der bekenntnishaften Note nicht entbehren, danebenstellen: «Ich lasse der christlichen Botschaft nicht nur eine Tür offen, sondern sie gehört ins Zentrum des westlichen Menschen...»[40]

Sicher läßt sich Jung infolgedessen weder als Häretiker noch als Schismatiker einordnen, jedenfalls nicht in dem besprochenen Sinne. Dagegen sei eine andere Bestimmung erwogen, wenn wir davon ausgehen, daß er wohl nicht einfach als kirchlicher Christ angesehen werden kann und auch keinen besonderen Wert darauf gelegt hat, der allgemeinen Norm eines Kirchenchristen zu entsprechen. Er hat aber gleichwohl den Weg, *seinen* besonderen Weg zu Christus beschritten. Was liegt hier vor?

Psychologisch betrachtet bietet die Jungsche Typenlehre eine Möglichkeit der Bezugnahme. In ihr sind u.a. zwei Einstellungstypen zu unterscheiden: Da ist einmal der extravertierte Mensch, dessen Hauptaugenmerk auf die Objekte der außen wahrnehmbaren Welt gerichtet ist; und da ist andererseits der Introvertierte, dessen Interesse sich vorwiegend innerseelischen Vorgängen zuwendet. Ganz abgesehen von der Berücksichtigung der sogenannten Funktionstypen, die anzeigen, welche seelische Funktion jeweils am ausgeprägtesten zur Geltung kommt, ist Jung dem introvertierten Einstellungstypus zuzurechnen.

Nun könnte man auch im religiösen Leben vergleichsweise von verschiedenen «Einstellungen» sprechen, je nachdem sich die Frömmigkeit in einer mehr äußeren, manifesten, von vielen nachvollziehbaren Weise abspielt, oder ob dieselben Gegenstände oder Inhalte des Dogmas, der Verehrung, des Kultus, der geistlichen Übung auf dem Wege einer inneren, individuellen Begegnung mit dem Ziele einer tiefgreifenden Wandlung erfahren werden. Das eine Mal haben wir es mit der exoterischen, sich an alle wendenden Gestalt des Christentums zu tun, das andere Mal mit dem esoterischen Christentum, in dem der Einzelne oder bestimmte Gruppen (geistliche Orden oder ähnliche Gemeinschaften) bestimmte mystische Erfahrungen machen. Jede Religion, auch das Christentum, hat eine solche Außenseite und sie hat eine Innenseite, das Zentrum ihrer Mysterien. Naturgemäß ist es nicht jedem gegeben, das Mysterium des Glaubens in seiner Tiefe und Fülle auch nur annähernd zu erfassen bzw. in sich aufzunehmen. Die zweitausendjährige Geschichte der Christenheit kennt genug Beispiele esoterischer Frömmigkeit. Das heißt, neben der allgemeinen kirchlichen Verkündigung gibt es ein esoterisches Christentum, dessen Wurzeln schon im Neuen Testament anzutreffen sind, vornehmlich in Gestalten wie Johannes und Paulus. Und in den verschiedensten Spielarten ist das esoterische Christentum in die Geschichte eingetreten und dort bis heute wirksam geworden.[41]

Carl Gustav Jung ist ein *esoterischer Christ;* als solcher darf er jedoch nicht mit pseudo-esoterischen Dunkelmännern verwechselt werden, weshalb er es energisch ablehnte, mit irgendeinem Schleier des Geheimnisses umgeben zu werden. Echte Esoterik – dies sei hier in aller Kürze gesagt – hat mit Geheimnistuerei gleich welcher Art nichts zu schaffen. So viele Beispiele es in der Geschichte auch gibt, nach denen bestimmte Mitteilungen Außenstehenden vorenthalten wurden – man denke nur an die Mysterienfeier der Eucharistie, von der Ungetaufte buchstäblich ausgeschlossen blieben –, «verraten» läßt sich das Esoterische nicht. Auf den christlichen Glauben bezogen ist nur zweierlei möglich: Das Geheimnis des Glaubens läßt sich je und je *erfahren* oder man muß feststellen, daß sich die Erfahrung nicht einstellen will. Theologische Definitionen oder Interpretationen helfen kaum weiter, wo es an der Gnade mangelt, die letztlich unverfügbar bleibt. Wissen läßt sich vermitteln; Erfahrung läßt sich nicht beliebig austeilen. Nur der Weg oder die Wege können gezeigt werden, auf denen man etwas «er-fahren» kann. Hier liegt der Grund, weshalb wir nach dem Weg C. G. Jungs und nach seiner Wegweisung fragen. Ob und wie einer den gezeigten Weg geht, das muß der freien Entscheidung jedes Einzelnen überlassen bleiben.

Jung ist nicht nur deshalb den esoterischen Strömungen des Christentums zuzuzählen, weil er sich – wie erwähnt – mit Gestalten und Zeugnissen der christlichen Esoterik als Psychologe auseinandergesetzt hat (z. B. mit Gnosis, Mystik, Gralsmythos, Alchymie, Paracelsus, Jakob Böhme u. a.), sondern er verdient diese Zuordnung in erster Linie, weil er selbst einen Prozeß durchlaufen hat, wie ihn Men-

schen «auf dem Wege» zu bestehen haben. So betrachtet ist die Biographie «Erinnerungen, Träume, Gedanken» ein durch und durch esoterisches Buch, dessen Wert derjenige am ehesten ermißt, der über entsprechende Eigenerfahrungen verfügt. Jungs Berufung auf Johannes und auf das Damaskus-Erlebnis des Apostels Paulus erfolgt deshalb nicht wahllos. Derartige Hinweise sind gerade bei ihm besonders ernst zu nehmen. Ebenso wenig wie dieses Bekenntnis wird die geradezu christozentrische Deutung seines gesamten Werkes unterschätzt werden dürfen, wenn wir lesen, was er dem ehemals orthodoxen Priester Gerhard Zacharias anvertraut hat, als er am 24. August 1953 schrieb:
«Wie Origenes die Hl. Schrift als Leib des Logos versteht, so ist die Psychologie des Unbewußten auch als eine Rezeptionserscheinung zu deuten. Dabei ist das vorher gewußte Christus-Bild allerdings nicht durch menschliche Vermittlung in die Erscheinung getreten, sondern der transzendentale (‹totale›) Christus hat sich einen neuen, spezifischeren Leib geschaffen. Das Reich Christi bzw. der Bereich des Logos ist ‹nicht von dieser Welt›, sondern eine der Welt übergeordnete Sinngebung, deshalb ist es so beklagenswert unrichtig, wenn die Theologie jedesmal, wenn sie eine ihrer unvermeidlichen Aussagen contra naturam macht, sich ängstlich nach einer rationalen Entschuldigung umsieht...» [42]

# III
# C. G. JUNGS WEGWEISUNG ZU CHRISTUS

## «DER HERR IST DER GEIST» – HINWEIS AUF CHRISTUS

Wie sieht die Wegweisung aus, die C. G. Jung zu geben vermag? Und inwiefern sind darin Faktoren enthalten, die als originär christlich angesprochen werden müssen?

In einem geschichtlichen Augenblick, in dem ungezählte Menschen in der westlichen Welt, vor allem Angehörige der jungen Generation, sich rat- und hilfesuchend nach dem Osten wenden, ist diese Frage dringlich geworden. Läßt man die Phänomene zu sich sprechen, beispielsweise die einzelnen Wellen von Jugendbewegungen, die allein in diesem Jahrhundert in Erscheinung getreten sind, dann finden wir darin das starke Verlangen nach Erlebnis und nach Veränderung des Bestehenden ausgedrückt.

Hatte J. J. Rousseau einst im Jahrhundert der Französischen Revolution die Parole «Zurück zur Natur!» ausgegeben, von der die Romantiker auf ihre sublime Weise schwärmten, so erfaßte diese Sehnsucht zu Beginn dieses Jahrhunderts die damalige Jugendbewegung wie ein Rausch. Der Erste Weltkrieg forderte einen gewaltigen Blutzoll von eben dieser Wandervogel-Generation. – In kaum veränderter Form konnten diese Ideale, wenig später in der Verkleidung durch Schlagworte wie Rasse, Blut, Boden, eine neue Generation junger Menschen begeistern, ja fanatisieren. Das geschah in Deutschland zwischen den beiden großen Kriegen. Der totale Zusammenbruch, nicht zuletzt einer ganzen «Weltanschauung», war unausweichlich. – In der Geschichte nach der Jahrhundertmitte heben sich zwei gegensätzlich anmutende Tendenzen ab: Da sind einmal die Jugendlichen, die vom Willen nach radikaler politischer und gesellschaftlicher Veränderung erfüllt waren, während andere von der revolutionierbaren Welt Abschied nahmen, indem sie aus der Zivilisation «ausstiegen», einem unklaren Mystizismus huldigend, dem Drogenkonsum verfallend. Verlangten die einen eine totale Veränderung der Außenwelt, so trachteten die anderen nach einer nicht minder totalen Revolutionierung der inneren Welt, das heißt ihres eigenen Bewußtseins.

Alle diese Erscheinungen sollen hier nicht weiter besprochen werden. Nicht zu übersehen aber ist, daß Mystizismus – sei es ein orientalisierender oder ein neupiestistischer von der Art der sogenannten Jesus-People-Bewegung – und Drogensucht bei aller Fragwürdigkeit im Ansatz ein Verlangen nach neuen Erlebnisweisen anzeigen.[1] Es ist der starke Drang nach echten Transzendenzerlebnissen, wie sie sie durch einen allein nach außen gerichteten revolutionären Aktivismus nicht erlangt werden können. Es bleibe dahingestellt, ob sich wenigstens ein Teil dieser Sucher darüber im klaren war, daß eine Veränderung der gesellschaftlichen Strukturen ohne eine tatsächliche, freilich nicht durch Drogen verfälschte Veränderung des Bewußtseins und der tieferen Seelenschichten ein unbefriedigendes Unternehmen darstelle. Und gerade hier hätte eine Wegweisung zu erfolgen, eine Wegweisung, zu der die Kirche in ihrer Gesamtheit offensichtlich nicht in der Lage war und ist, wie die Bilanz der kirchlichen Jugendarbeit und der Erwachsenenbildung – von wenigen leuchtenden Beispielen abgesehen – zeigt.

Das Scheitern der einseitig auf Naturerleben hin ausgerichteten oder an älteren Bewußtseinsstrukturen östlicher Prägung orientierten Jugendbewegung aber zeigt noch etwas anderes. Es führt zu einer Einsicht, die durch die Tiefenpsychologie eine wichtige Stütze empfängt; denn der Appell «Zurück zur Natur!» oder wie immer die ausschließlich auf das Potential leiblicher und seelischer (Natur-)Gegebenheiten sich berufender Parolen oder Ideale lauten mögen, ist längst fragwürdig geworden.

Blicken wir zunächst auf die großen Zusammenhänge, ehe wir uns der Betrachtung des individuellen Menschen mit seinen Reifungsproblemen zuwenden.
Die Menschheit hat aufs Ganze gesehen den bergenden Mutterschoß des Naturgegebenen verlassen. Sie hat auch ihre Kindheits- und Jugendzeit hinter sich gebracht, in der ganze Völkergruppen, Nationen, Sippen, Familien, kurz: die gewachsenen kollektiven Verbände ihr Leben und das Leben jedes Einzelnen ordneten, auch lenkten und schützten. «Im Arm der Götter wuchs ich groß...» konnte noch Hölderlin sagen und damit auf eine Menschheitsvergangenheit zurückweisen, aus der wir kommen. Es war die Zeit, in der es «noch» eine unmittelbare, ungebrochene Erfahrung der religiösen Wirklichkeit gab, in der man sich noch nicht des Psychiaters bedienen mußte, wenn Menschen Visionen hatten, Stimmen der Prophetie vernahmen, Engeln begegneten und dem Teufel «leibhaftig» gegenübertraten.[2]
Lange bevor der «Tod Gottes» ausgerufen werden mußte, kannte die Menschheit «noch» so etwas wie einen «naturhaften» Zugang zur göttlich-geistigen Welt. Sie erfuhr noch eine Ganzheit des Lebens, ohne daß jeder Einzelne über die Lebensproblematik nachdenken mußte. Das taten die «Hirten der Menschheit» für ihn stellvertretend, die Religionsstifter, die Priester und die Propheten, aus deren Händen das Volk das «Gesetz» empfing und von denen es den Willen Gottes vernahm. Mit zunehmender Bewußtseinserhellung und Mündigwerdung traten die Autoritätsprobleme auf, die wir kennen, etwa an der Schwelle zwischen Mittelalter und Neuzeit, an der sich in Europa der Wille nach Autonomie durchzusetzen begann, als das Gewissen des Einzelnen erwachte, der Zweifel zum Prinzip des Erkennens erhoben wurde (Descartes) und das naturwissenschaftliche Denken die Welt eroberte.
All dies, was hier nicht weiter ausgeführt werden muß, hat für den einzelnen Menschen einschneidende Konsequenzen. Der Zugewinn an Bewußtheit, der sich heute als ein

Verlangen nach gesellschaftlicher Emanzipation, nach Selbstbestimmung und Mitbestimmung (im weitesten Wortsinne) äußert, verweist den Einzelnen in einem bisher noch nicht dagewesenen Maße auf sich selbst. Wir sprechen von Selbstverantwortung und von der Verantwortung des gottunmittelbar gewordenen Menschen. Der Ruf «Zurück» – dieser Ruf wird heute in verschiedener Form immer wieder laut – ist viel mehr als etwa nur die Sehnsucht nach einer «guten alten Zeit» oder nach einer risikoärmeren, angeblich goldenen Vergangenheit. Es verbirgt sich jeweils auch und gerade in derartigen Sehnsüchten die Rückkehr in den Mutterschoß. Doch dieser Unmöglichkeit, die die erwähnten geschichtlichen Versuche zum Scheitern verurteilt hat, steht nach christlicher Erkenntnis nur die einzige Alternative gegenüber, von der wir bereits sprachen und für die sich Jung entschied: die Wiedergeburt als eine Neuwerdung im Sinne des Johannesevangeliums; eine Geburt «von oben» her, nicht aber auf der Basis naturhafter Möglichkeiten oder Unmöglichkeiten, die ein für allemal der Vergangenheit angehören. Was das Gespräch Christi mit Nikodemus enthüllt, das findet sich bereits im Johannes-Prolog mit aller Deutlichkeit ausgedrückt: «Wie viele ihn – den Christus-Logos – (in sich) aufnahmen, denen gab er Macht, Gottes Kinder zu werden, die an seinen Namen glauben, welche nicht von dem Geblüt noch von dem Willen des Fleisches noch von dem Willen eines Mannes, sondern von Gott geboren sind.» (Joh. 1,12f.)

Daneben zu halten ist die alte Feststellung des Kirchenvaters Cyprian (3. Jahrhundert): Extra ecclesiam nulla salus – außerhalb der Kirche gibt es kein Heil. Diese Feststellung – sofern sie heute überhaupt noch gehört, ihrer Intention nach verstanden und ernst genommen werden kann – ist geeignet, einen nach christlicher Erneuerung fragenden Menschen zu entmutigen. Und wer – mit Jung – sagen muß, daß er von der Gnade, glauben zu können, ausgeschlossen sei, der gerät unter Umständen in eine ähnliche Situation wie etwa Martin Luther, der als Mönch mit der Frage nach dem gnädigen Gott rang und erleben mußte, daß alle geistlichen Reichtümer der kirchlichen Tradition ihm seine Gewissensnot ebensowenig erleichtern konnten wie die rechtmäßigen Autoritäten der Institution Kirche. Selbst der mit ernstem Verlangen vollzogene Sakramentsempfang (Beichte, Kommunion) konnte ihm die leidvolle Innenerfahrung nicht ersparen. Denn:

> «... die Angst mich zur Verzweiflung trieb,
> Daß nichts denn Sterben bei mir blieb,
> Zur Höllen mußt' ich sinken.»

Diese Verszeilen in Luthers Lied «Nun freut euch lieben Christen g'mein» dokumentieren seinen eigenen Prozeß. So sehr sich nun die Bewußtseinslage und die existentielle Problematik seit dem 16. Jahrhundert verändert hat, in *einem* wesentlichen Punkt erscheint die Erinnerung an die Seelenangst des Wittenberger Augustinermönchs gerechtfertigt, nämlich darin, daß von außen an den Menschen herangetragene Formeln – und mögen sie altehrwürdigen Überlieferungen entstammen – keinen Ersatz und keine Stellvertretung für die Selbsterfahrung zulassen.
Zu dieser allgemeinen Feststellung tritt eine Einsicht hinzu, die in jüngster Zeit bei konfessionell ganz unterschiedlich orientierten kirchlichen Gruppen gewonnen worden ist und die bereits eine erste theologische Formulierung gefunden hat. Es ist die von der Lehre der Kirche zwar immer als wichtig angesehene, nun aber in neuer Weise geschenkte Einsicht, daß der Heilige Geist eine wirkende Macht darstellt, von der nicht nur verbal zu sprechen ist, sondern deren Strahlkraft sich der Mensch aussetzen soll. Damit sei gar nicht allein an spektakuläre Manifestationen der besonderen Geistesgaben (Charismata) gedacht, von denen einzelne Menschen überrascht werden oder durch die

sogenannte charismatische Gruppen in der kirchlichen Öffentlichkeit hie und da Staunen erregen. Phänomene dieser Art (z.B. das Zungenreden), die als solche nicht zu unterschätzen sind, können in einem entscheidenden Punkt mißdeutet werden, nämlich indem man lediglich auf deren äußere Erscheinungsformen achtet, den jeweils zugrundeliegenden Impuls jedoch nicht ernst genug nimmt. Und eben darauf, auf die Beachtung der spirituellen Innenseite der Phänomene käme es an.[3]

Ohne Zweifel ist es vornehmlich die Analytische Psychologie C.G. Jungs, die hierfür Erkenntnishilfen anzubieten hat. Ihr lassen sich auch Maßstäbe für die Urteilsbildung entnehmen. Wir haben es mit einer Hermeneutik, also mit einer Verstehenslehre zu tun, die aber zugleich mehr als das ist oder doch sein kann. Geht es doch darum, Außerordentliches nicht nur zu interpretieren und zu verstehen, sondern selbst zu erfahren! Alle diese Hilfen und Maßstäbe sind daher weniger rationaler oder begrifflicher Natur, zumal es hierbei nicht um eine theoretische Auseinandersetzung gehen kann, sondern um eine Annäherung und um eine Erprobung wirkender Wirklichkeit, die auf dem Erlebnisfeld der menschlichen Psyche Spuren hinterläßt, zugleich aber auf übergeordnete Seinsstrukturen verweist; johanneisch ausgedrückt: Diese Erfahrungen verweisen auf «den Weg, die Wahrheit und auf das Leben».

So kennt die Analytische Psychologie eben nicht nur das Unbewußte als die Summe persönlicher vergessener oder verdrängter Seeleninhalte, sondern sie hat den Nachweis archetypischer, das heißt in der Kollektivpsyche der Menschheit wurzelnder Kräfte erbracht. Im Blick auf dieses kollektive Unbewußte ist jedoch nicht allein die Frage nach dem «Woher» oder nach dem «Was war» möglich, die für die klassische Psychoanalyse nach wie vor eine so große Bedeutung hat. Diese rückwärts gewandte Betrachtung psychischer Wirklichkeit bedarf der Ergänzung durch eine *prospektive*, in die Zukunft und in die Werdemöglichkeiten des Menschen gerichtete Fragestellung. Vor allem ergibt sich die Frage nach dem «Warum», die unabweisbare Frage nach dem Sinn. Ein Psychotherapeut, der sich von dieser Betrachtungsweise leiten läßt, wird sich zum Beispiel nicht damit zufrieden geben, daß der psychisch gestörte Patient seine Vergangenheit bewältigt, ein «brauchbares Glied der Gesellschaft» wird, indem er sich anpaßt. Er wird vielmehr bestrebt sein, an seinem Teil dazu beizutragen, daß der jeweilige Partner zur Selbsterfahrung und damit zum Erlebnis des Sinnes gelangt, was einer Intensivierung und Vertiefung des Lebens gleichkommt und einer Öffnung für Gott, das heißt für «eine der allersichersten unmittelbaren Erfahrungen»,[4] entspricht.

Wo die Frage nach dem Sinn mit existentieller Dringlichkeit, also nicht etwa bloß um einer akademischen Erörterung willen gestellt wird, wo ein sinnerhellendes Innewerden aufblitzt, sei es mitten in der Bearbeitung von Träumen oder in anderen Zusammenhängen tiefenpsychologischer Bemühung, da ist bereits die nur psychische Dimension durchschritten. Aspekte des Geistes, der «höher ist als alle menschliche Vernunft», treten in den Bewußtseinshorizont ein und verlangen nach Integration. Das Menschsein enthüllt sich immer mehr als ein Prozeß und somit als ein Mensch-Werden. Der eigenen Existenz erschließt sich die Möglichkeit, an diesem Werden teilzuhaben. In der Selbst-Werdung – Jung nennt sie Individuation – wird dieser lebenslang währende Prozeß, wird diese Teilhabe angetreten. Wir haben es mit einer Selbst-Verwirklichung zu tun, die mit Hilfe der Analytischen Psychologie (oder auf einem entsprechenden anderen modernen Initiationsweg) bewußt erlebt werden kann, während die wesentlichen Stadien dieses Reifungsvorgangs sonst weitgehend unbewußt blieben.

Und gerade da, wo es um einen auf dieses Ziel der Selbst-Werdung und der vollen Menschwerdung ausgerichteten Weg geht, liegt es nahe, nach demjenigen zu fragen, der als der Menschgewordene («Menschensohn») den Weg des

Menschen gegangen ist und als der wahre Mensch im besonderen der westlichen Menschheit vor Augen steht, auch wenn er ihr schon lange nicht mehr deutlich genug bewußt ist: Christus. Umgekehrt gilt: Eine Psychologie, die nicht nur Lehre von der Psyche ist, nicht nur Interpretations- oder Anpassungshilfen bietet, sondern die Führung und Geleit auf dem Individuationsweg zu geben vermag, ist ohne eine ihr innewohnende, in ihr wirksam werdende Christustendenz – und wäre diese noch so verborgen – gar nicht zu denken. Auch wenn von C. G. Jung selbst gar keine besonderen Äußerungen zum religiösen Leben im allgemeinen, zur christlichen Gotteserfahrung im besonderen vorlägen, wäre mit einer latenten Christustendenz zu rechnen, und es wären entsprechende in der Sache selbst liegende Hinweise auf Christus als auf die in der heutigen Menschheit zur Geltung kommenden Wirklichkeit zu erwarten.
Ohne sein Prinzip empirischer Wissenschaftlichkeit und erkenntnistheoretischer Begrenzung bei seinen psychologischen Deutungen generell aufzugeben aber hat Jung eben nicht geschwiegen, wenn es darum ging, das Nicht-mehr-Psychologische als existent anzuerkennen. Von daher sind die zahlreichen bekenntnishaften Äußerungen, die sich neben privaten und brieflichen Mitteilungen in seinem Spätwerk vornehmlich finden, von Wichtigkeit. Wir können in ihnen Hinweise auf den außerpsychisch-pneumatischen Hintergrund erblicken. Es sind gleichsam Hinweise auf das «Mysterium Magnum», wie es Jakob Böhme genannt hat, jene nicht wissenschaftlich zu beweisende, sich wohl aber als eine je und je erweisende Gegenwart.
Und diese Gegenwart ist seit den Tagen der ersten in der Parusie-Hoffnung lebenden Christenheit durch keinen anderen als durch Christus selbst repräsentiert. Sie muß nicht erst in Lehrbüchern und Bekenntnisschriften definiert oder sonstwie doziert werden, um dann auch noch «geglaubt» zu werden, sondern diese Gegenwart des Christus ist eine Erfahrung sowohl für den Glaubenden als auch für den,

der auf dem Individuationsweg der Selbst-Werdung Fortschritte macht. Das eine Mal tritt der Glaubende (nicht der nur Für-wahr-Haltende!) in die Beziehung mit dem Herrn seines Lebens, angerührt und erschüttert etwa wie Thomas («Mein Herr und mein Gott!»). Das andere Mal, das heißt wenn der traditionelle Glaube an Christus verbaut ist, kommt es zur Konfrontation mit dem archetypischen Bild der Ganzheit, mit dem Gottes- und Christusbild. Eine «zwingende Numinosität»[5] ist es, die den Menschen je und je ergreift, sei es daß er mit dem theologischen Problem ringt, den Unfaßbaren und doch geoffenbarten begrifflich-theologisch faßbar zu machen – wir denken an die erbitterten dogmengeschichtlichen Auseinandersetzungen –, sei es daß Einzelne vom Geist Ergriffene einen Weg suchen, um angesichts der Erschütterungen vom Transzendenten her standzuhalten. Mit großer Eindringlichkeit hat der Görlitzer Schuster Jakob Böhme (1575–1624) diese große Erfahrung seines an jähen Erleuchtungen[6] reichen Lebens geschildert: «Von dem göttlichen Mysterio etwas zu wissen, habe ich niemals begehret, viel weniger verstanden, wie ich es suchen oder finden möchte, wußte auch nichts davon als der Laien Art in ihrer Einfalt ist. Ich suchte allein das Herze Jesu Christi, mich darinnen zu verbergen vor dem grimmigen Zorn Gottes und den Angriffen des Teufels... In solchem meinem gar ernstlichen Suchen und Begehren, darinnen ich heftige Anstöße erlitten, mich aber ehe des Lebens verwegen als davon ausgehen und ablassen wollte, ist mir die Pforte eröffnet worden, daß ich in einer Viertelstunden mehr gesehen und gewußt habe, als wenn ich wäre viel Jahr auf hohen Schulen gewesen, dessen ich mich hoch verwunderte...»[7]

Jung, der sich an mehreren Stellen seiner Werke unter anderem auch auf Jakob Böhme beruft, kann auf vergleichbare Erfahrungen verweisen; etwa wenn er 1948 einem katholischen Theologen schreibt: «Ich bin Gott jeden Tag dankbar, daß ich die Wirklichkeit der imago Dei in mir erfahren durfte. Hätte ich das nicht, so wäre ich ein bitterer Feind des Christentums und der Kirche insbesondere. Dank diesem Actus gratiae hat mein Leben Sinn, und mein inneres Auge wurde aufgetan für die Schönheit und Größe des Dogmas.»[8]

Weil nun der christliche Glaube unzähligen «Christen» zur Unmöglichkeit geworden und für sie Gott «tot» ist, stellt Jungs Psychologie ein nicht zu unterschätzendes Angebot für die heutige Christenheit dar. Und dieses Angebot besteht in der Möglichkeit zu Urerfahrungen zu gelangen.[9] Hierin erblickte Jung die große Aufgabe seiner Forschungsrichtung und therapeutischen Praxis, die letztlich – wenngleich keineswegs ausschließlich – der Erneuerung der christlichen Verkündigung heute zugutekommt, nämlich insoweit die Analytische Psychologie zur unmittelbaren Erfahrung des Numinosen anleitet. Selbst-Erfahrung und Christuserfahrung sind auf diese Weise eng aufeinander bezogen. Damit dürfte aber der Punkt bezeichnet sein, an dem der kirchlich Entfremdete, nach dem Unbedingten Fragende zur Begegnung mit religiöser Wirklichkeit kommen kann. Unter religiöser Wirklichkeit verstehen wir dabei, wie gesagt, nicht unbedingt eine konfessionell geprägte Glaubensfrömmigkeit, sondern die Erfahrung eines «überweltlichen Lebens in der Welt» (Karlfried Graf Dürckheim), die Erfahrung der «Ewigkeit in der Zeit» (Jakob Böhme). Ein solcher Mensch «kann an Christus als den Erlöser glauben, der einst für ihn am Kreuz gestorben ist und durch den alle Dinge gemacht sind, und ihn zugleich als das ureigenste Zentrum seiner selbst, als seine eigene Mitte erfahren. Diese Gegensätzlichkeit nicht nur auszuhalten, sondern als zum Wesen des Menschen und seiner Entwicklung gehörig zu erkennen, gehört mit auf den Weg, auf dem dann diese Gegensätzlichkeit selbst mehr und mehr dahinschwindet», schreibt Karlfried Graf Dürckheim zur Frage nach dem Sinn der Mündigkeit[10], in einem Werk, das einen wichtigen Kontext zu unseren Erwägun-

gen darstellt, wenngleich es aus einer anderen Perspektive heraus geschrieben ist.
Daß C.G. Jung seiner Psychologie eine Rolle zugewiesen hat, aus der deutlich wird, daß göttliche Offenbarung und psychologische Erfassung miteinander korrespondieren, hebt jener schon erwähnte Brief an den ehemals orthodoxen Theologen Gerhard Zacharias hervor, in der er die Analytische Psychologie «auch als eine Rezeptionserscheinung» des Christus-Logos deutet. Das heißt nichts Geringeres als: «Der transzendentale (‹totale›) Christus hat sich einen neuen spezifischeren Leib geschaffen...»
Es versteht sich, daß ein derart anspruchsvolles Diktum weniger im Sinne eines abgerundeten Resultates gemeint sein kann. Man wird darin mehr eine Zielangabe und mehr den Hinweis auf einen Weg, auf den Weg erblicken sollen. Dazu gehört die Aufgabe, den christlichen Glauben in seiner Fülle und in seiner Besonderheit realisieren zu lernen. Man wird nicht gerade sagen können, daß Jung eine theologisch befriedigende Wesensbestimmung des christlichen Glaubens gegeben hätte. Dergleichen lag – aus den bekannten Gründen – auch gar nicht in seiner Absicht. Zweifellos gilt es jene Gnosis-(Erkenntnis)Funktion des Glaubens zurückzugewinnen, die Männern wie Johannes und Paulus sowie vielen erleuchteten Vätern der Christenheit zugänglich war: der Glaube als ein *Erkenntnis*organ höherer Ordnung. Letztlich hat Jung immer eine Erfahrung im Sinne, die dieser erkenntnismäßigen Intensivierung des Glaubens entspricht.[11] Es muß – so lautet die Aufgabe, zu deren Lösung die Analytische Psychologie beitragen kann – zu einer innigen Durchdringung von Glaube und erkenntnisgetragener Erfahrung kommen. Damit stünde der Christenheit eine große «Blindenheilung» bevor, deren sie dringend bedarf, um das «Licht der Welt» zu sehen und gleich dem Täufer Johannes «Zeugnis von dem Licht» abzulegen, «damit sie alle, die ganze Menschheit, glaubten» (Joh. 1,7). Und dieser Glaube ist eben von einer ganz anderen Quali-

tät als ein «blinder Glaube»; es ist sehender, erkennender, erfahrender Glaube!

Die Zielsetzung, die wir im Auge haben, hat Johannes Lotz, der katholische Theologe, in einem Dialogbeitrag für den Grafen Dürckheim so umschrieben:

«Solange der Glaube getrennt von der großen Erfahrung oder mindestens ohne tiefere Verbindung mit ihr seinen Weg geht, reicht er noch nicht bis in den Grund der Seele oder bis in das Herz des Menschen hinab und kommt infolgedessen nicht zu seiner vollen Lebendigkeit und Fruchtbarkeit, Festigkeit und Dauer. Allein wenn der Glaube in die große Erfahrung als ‹den menschlichen Kern jeder lebendigen Religiosität› hineinwächst, schlägt er wahrhaft Wurzeln im Menschen oder wird dieser ganz mit ihm eins. Namentlich strahlt der Erfahrungscharakter der großen Erfahrung auf den christlichen Glauben über; je reicher sie ihn durchseelt, desto mehr nimmt er, der zunächst nicht Erfahrung ist, das Gepräge der Erfahrung an und reift so zum *erfahrenen Glauben.*»[12]

## BEZUGSPUNKTE DER SEELE ZUR RELIGIÖSEN WIRKLICHKEIT

Bezüglich der Christustendenz kann eingewandt werden, die Tiefenpsychologie im allgemeinen, die Analytische Psychologie Jungs im besonderen sei doch schon vom Ansatz her etwas ganz anderes als ein zur Christus-Erfahrung hin führender Weg. Was in der psychotherapeutischen Arbeit oder was im Zusammenhang psychologischer Selbsterfahrung geschieht, berühre zwar – und dies in unterschiedlicher Weise – die religiöse Thematik, vermöge auch hie und da das geistliche Leben eines Christen zu befruchten, sie sei jedoch nicht darauf angelegt. Man müsse deutliche Grenzlinien zwischen der Psychologie auf der einen und dem Religiös-Theologischen auf der anderen Seite ziehen, um unnötige Mißverständnisse gar nicht erst aufkommen zu lassen.
An diesem Einwand ist sicher soviel richtig, daß sich Jung – ganz abgesehen von der jeweils geübten heutigen analytischen Praxis – von irgendwelchen Missionsabsichten in der einen oder in der anderen Richtung völlig frei hielt. Nach dem bisher Besprochenen ist es auch unzweifelhaft, weshalb er sich derlei Absichten oder Wünschen versagen mußte. Die Ablehnung religiöser Wirksamkeit oder des Versuchs einer gezielten christlichen Beeinflussung ist bei ihm nicht einfach individuell und schicksalhaft bedingt gewesen, wie diejenigen annehmen, die auf Jungs Abkunft verweisen, von der («Vaterkomplex») er sich habe befreien müssen. Es ist vielmehr tatsächlich so, daß Religion und Tiefenpsychologie, Theologie und Psychotherapie, religiöses und ärztliches Wirken eine Abgrenzung der Kompetenzbereiche *prinzipiell* verlangen. Die

Zeit der Priester-Ärzte ist vorüber, und von religiös motivierten charismatischen Heilern, die es fraglos auch heute noch gibt, sehen wir hier ab, zumal da von Fall zu Fall entschieden werden müßte.

Die grundsätzliche Kompetenzbegrenzung ist im wesenhaften Unterschied theologischer und psychologischer Betrachtung begründet. An dieser Stelle darf auf die eingehende Behandlung dieses Problems durch Gerhard Zacharias verwiesen werden, der die Differenz u.a. anhand des psychologischen und theologischen Transzendenzbegriffs darlegt. Die für uns wesentlichen Zwischenergebnisse seiner Untersuchung lassen sich in den Sätzen zusammenfassen: «Während der transcensus im psychologischen Sinne das Bewußtsein und das Unbewußte übersteigt, übersteigt der transcensus im theologischen Sinne die Welt im Ganzen... Der psychologische transcensus bleibt immer innerhalb der Grenzen der Natur... Die theologische Transzendenz ist durch die psychologische Transzendenz nicht einholbar. Das, worauf hin die Transzendenz im psychologischen Sinne transzendiert, ist immer schon durch die Transzendenz im theologischen Sinne überstiegen. Das Subjekt des psychologischen transcensus ist das *Selbst,* das Subjekt des theologischen transcensus ist *Gott.*»[13] Auch der elementare theologische Satz, auf den vornehmlich die dialektische Theologie Karl Barths den entscheidenden Akzent gesetzt hat, bleibt in Gültigkeit: Gott ist im Himmel, der Mensch ist auf der Erde. – Das Problem liegt indes bei der Frage nach der Beziehung und nach der «Anknüpfung». Und hier scheiden sich die Geister.

Denn ohne die gezogenen Grenzlinien zu verwischen, ist doch mit Jung – gegen Barth – festzuhalten, daß nur der zur Gottesbeziehung befähigte Mensch von Gott wissen, ihn hören und ihm gehorchen kann. Der Transzendente hat sich nicht erst in einem geschichtlichen Augenblick vor zweitausend Jahren dem Menschen zugewandt, sondern er hat sich immer auch als der Anwesende zu erkennen gegeben. Martin Buber übersetzt daher den Gottesnamen, wie er anläßlich der Offenbarung am Sinai für Mose laut geworden ist, nicht in der herkömmlichen Weise mit: «Ich bin, der ich bin», sondern mit «ICH BIN DA» (2. Mose 3,14).

Und Jung kommentiert in anderem Zusammenhang: «Es ist... psychologisch gänzlich undenkbar, daß Gott das ‹ganz Andere› schlechthin sein sollte; denn ein ‹ganz Anderes› ist niemals das der Seele innigst Vertraute, was Gott eben auch ist. Psychologisch richtig sind nur paradoxe resp. antimone Aussagen...»[14] Er ergänzt diese Feststellung in seinem Kommentar zu «Das Geheimnis der Goldenen Blüte»: «Wenn ich annehme, daß ein Gott absolut und jenseits aller menschlichen Erfahrung sei, dann läßt er mich kalt. Ich wirke nicht auf ihn, und er nicht auf mich.»[15]

Es muß somit einen «Ort» im Menschen geben, an dem sich diese Beziehung ereignen kann. Daran haben die aus eigner Erfahrung Wissenden, man könnte auch sagen: die christlichen Esoteriker, in der zweitausendjährigen Geschichte der Christenheit nie einen Zweifel geäußert, weder die frühen Kirchenväter noch die Mystiker der vor- und der nachreformatorischen Zeit. Kein Geringerer als Augustinus hat das Thema seines an Spannungen überreichen Lebens auf den einfachen, freilich bisweilen auch mißverstandenen Nenner gebracht: «Deum et animam scire cupio – Gott und die Seele will ich erkennen.»[16] Für Jung ist dieser Ort der Gottesbeziehung der Archetypus des Selbst, das Gottesbild im Menschen, Inbegriff, Realpräsenz der Ganzheit, weit über das Alltags-Ich hinausweisend, Bewußtes und Unbewußtes, ja selbst die Polaritäten und Gegensätzlichkeiten umgreifend und damit die psychische Repräsentanz des Christus, Gefäß und Wahrnehmungsorgan für den Christus. «Die der Seele... eingeprägte imago Dei (Gottes Ebenbild) ist ein Bild des Bildes… Christus… ist die wahre imago Dei, nach deren Ähnlichkeit unser innerer Mensch… geschaffen ist.»[17] Und weiter: «Christus veranschaulicht den Archetypus des Selbst. Er stellt eine Ganzheit göttlicher oder himmlischer Art dar, einen verklärten Menschen, einen Gottessohn sine macula peccati, der von der Sünde nicht befleckt ist. Als Adam secundus bildet er eine Entsprechung zu dem ersten Adam vor dem Sündenfall.»[18]

Sprachen wir davon, daß Jung Gehalte der christlichen Botschaft für die therapeutische Arbeit fruchtbar gemacht habe – nämlich im Zusammenhang der Amplifikation psychischer Hervorbringungen durch gleichgerichtete religiöse Motive –, dann ist damit bereits zu der Frage übergeleitet, inwiefern Jungs Analytische Psychologie auf Christus als auf eine Wirklichkeit verweise. Als Arzt und Psychologe, der selbst einen, gewiß außerordentlichen Weg zu Christus gefunden hat, legte er den allergrößten Wert auf die Feststellung, daß seine Forschung sowie seine psychotherapeutische Praxis allein dem zugewandt bleibe, was sich in der menschlichen Psyche manifestiert, etwa auf das archetypische Gottes*bild*. Wie andere Darstellungsformen des Selbst ist dieses Bild mit Gott ebensowenig zu verwechseln wie mit Christus: «Wenn ich daher als Psychologe sage, Gott sei ein Archetypus, so meine ich damit den Typus in der Seele, was bekanntlich von ‹typos› – Schlag, Einprägung herkommt. Schon das Wort ‹Archetypus› setzt ein Prägendes voraus.»[19] Und an dieser Stelle seiner Einführung zu «Psychologie und Alchemie» heißt es weiter: «Wir wissen einfach nicht, woraus der Archetypus in letzter Linie herzuleiten ist.»

Dieses Eingeständnis ist bisweilen als Ausdruck eines Erkenntnisverzichts gewertet bzw. mißverstanden worden. Dabei verbirgt sich hinter diesem «ignoramus» der Respekt vor dem Mysterium des verborgenen Gottes. In seinem Aufsatz «Über den indischen Heiligen», 1944 als Einführung zu Heinrich Zimmers Werk «Der Weg zum

Selbst – Lehre und Leben des indischen Heiligen Shri Ramana Maharshi aus Tiruvannamalei » niedergeschrieben, kommt Jung auf diese Problematik zurück, indem er sich zu der erkenntniskritischen Beschränkung bekennt, die dem östlichen Menschen fremd zu sein scheint. Seine, die westliche Psychologie aber, « reserviert sich (daher) die *Armut oder den Schatz* des Nichtwissens um das Selbst ».[20] Diese Formulierung ist interessant und gibt zu denken, jedenfalls läßt sie durchblicken, daß «Armut» durchaus « Reichtum » oder eben ein Schatz sein kann. Und zwar ist das im Sinne der Bergpredigt Jesu der Fall (Matth. 5,3), sobald sich ein Mensch seiner Armut im Geiste bewußt ist und sich für die Geist-Begabung offen hält.
Aniela Jaffé, die der Beziehung der Seele zur religiösen Wirklichkeit eine Betrachtung gewidmet hat, faßt ihr Ergebnis mit den Worten zusammen: « Die Psychologie richtet ihr Augenmerk nicht auf das Prägende, nicht einmal auf das Selbst als solches, sondern beschränkt ihre Untersuchungen auf das Geprägte, auf die vom Archetypus angeordneten Manifestationen in der menschlichen Seele. Auch das ‹ Selbst › ist ein Modell, das die Psychologie nur aus seinen Wirkungen konstruiert. Daß sie dabei den numinosen Charakter archetypischer Manifestationen und ihre Zusammenhänge mit Aussagen der Religionen feststellte, ist eine ihrer bedeutsamsten Entdeckungen. »[21]
Worin besteht aber der Nutzen für den, der an Erlebnisse herangeführt wird, die als Selbst-Erfahrungen betrachtet werden können? – Abgesehen von dem Wert, den solche Erfahrungen in sich haben, indem sie ein Gleichgewicht zwischen dem Bewußtsein und dem Unbewußten herstellen, klärend, Ganzheit konstellierend wirken, wohnt diesen Erlebnissen eine Deutekraft inne. Sie, die archetypischen Bilder, die aus dem Unbewußten aufsteigen, weisen – ähnlich den Symbolen – über sich hinaus. Das Geprägte verweist auf das Prägende. Von daher gesehen, ist es wohl auch erlaubt zu sagen: Das Ganzheit

repräsentierende Christus-Bild, das Ganzheitssymbol als solches, verweist auf den, der seine Gegenwart, sein Licht, sein Leben verheißen hat. Und bekanntlich finden sich solche Zusagen vor allem im Johannesevangelium. Sie sind dort bezeichnenderweise in die Form der sieben Ich-Bin-Worte gekleidet. Hier sei nur soviel gesagt, daß diese bedeutsamen Selbstaussagen buchstäblich als Selbst-Aussagen, eben als Aussagen des wahren Selbst, genommen werden wollen. In der Sprache der Analytischen Psychologie würde das heißen: Es spricht in diesen Ich-Bin-Worten nicht das Alltags-Ich des historischen Jesus von Nazareth – wäre das der Fall, bestünde gewiß Anlaß, das seelische Gleichgewicht dieses Mannes in Frage zu stellen. Wir haben es in diesen majestätischen Worten vielmehr mit den Selbst-Bezeugungen des Logos-Christus zu tun, der «ehe denn Abraham war», der ist und der in der Kraft des Geistes sein wird.

Damit soll keineswegs die Frage entschieden sein, ob die von der Analytischen Psychologie angebotenen Denkmaterialien und Begriffsbildungen annähernd ausreichen, die das Selbst eines Menschen transzendierende Wesenheit Christi zu beschreiben und auf diese Weise dem heutigen Bewußtsein zugänglich zu machen. Was gesagt wird, ist, daß wir in der Analytischen Psychologie einen erfahrbaren Weg finden, der auf die Christus-Wirklichkeit hinweist – einen Weg, auf dem der Wanderer damit zu rechnen hat, daß ihm Unvorhergesehenes, gleichsam von vorne her, entgegentritt. In einer solchen Erwartung hat die erste Christenheit mit der plötzlichen Ankunft ihres Herrn «gerechnet».

Eine der Befürchtungen, die Kritiker Jungs wiederholt ausgesprochen haben, besteht darin, daß das Selbst in der Analytischen Psychologie an die Stelle Gottes rücken könnte. Die klare Grenzziehung, auf die Jung selbst so großen Wert gelegt hat, würde infolgedessen verwischt. Zweifellos haben einzelne, für sich isoliert betrachtete

Äußerungen Jungs dazu beigetragen, derartigen Mißverständnissen Vorschub zu leisten. In solchen Fällen dürfte auf den Kritiker selbst zurückfallen, was er dem Kritisierten anlasten möchte. So schreibt Jung im Zusammenhang der Ganzheitssymbolik einmal: «Der Platz der Gottheit scheint durch die Ganzheit des Menschen eingenommen zu werden.»[22] Diese Ganzheit aber findet im Selbst seinen psychischen Niederschlag. Von einer Gleichsetzung kann indessen nicht die Rede sein. Ganzheitssymbole, das Selbst als psychologischer Begriff sind lediglich menschliche Versuche, «auf Grund eines der Seele eigentümlichen Archetypus ein transzendentes Erlebnis zu beschreiben... Wenn ich ‹Gott› sage, so ist dies ein psychisches Bild. Ebenso ist das Selbst ein psychisches Bild der transzendenten, weil unbeschreiblichen und unerfaßbaren Ganzheit des Menschen. Beide Typen sind durch dieselben oder so ähnliche Symbole empirisch ausgedrückt, daß sie nicht voneinander unterschieden werden können...»[23] Nur Bilder beschäftigen den Psychologen.

Jungs Aussagen können sich im übrigen auf die Ergebnisse eines zweitausendjährigen bewußtseinsgeschichtlichen Prozesses beziehen, in dem die «psychische Matrix», das heißt der empfangend-schöpferische Seelengrund der westlichen Menschheit die Gestalt Christi bewußt und unbewußt in sich aufgenommen hat. Und das Ergebnis dieses Inkarnationsvorgangs, der sich über ganze Generationenreihen hin erstreckt hat, läßt sich durch etwaige atheistische Bekundungen, auch nicht durch das Eingeständnis von Zweifel oder Glaubensmangel aus der Seele schaffen. «Bestände nicht eine Affinität (‹Magnet›!) zwischen der Figur des Erlösers und gewissen Inhalten des Unbewußten, so hätte nie ein menschlicher Geist das Licht in Christo erblicken und es mit Inbrunst erfassen können. Das Verbindungsstück beider ist der *Archetypus des Gottmenschen,* der einerseits in Christo historische Wirklichkeit wurde und andererseits, als ‹ewig› vorhanden, die Seele als übergeordnete Ganzheit, eben als *Selbst*, beherrscht...»[24]

Jungs oft als Erkenntnisskepsis gerügte Einstellung ist es, die ihn vor unzulässigen Aussagen schützt. Und zwar auferlegt er sich diesen Verzicht nicht allein deshalb, weil Aussagen über Gott ihm als Nichttheologen nicht zuständen oder weil diese außerhalb seiner fachlichen Zuständigkeit lägen. Jungs Erkenntniskritik reicht tiefer insofern sie auch alles theologische Reden von Gott zur Verantwortung ruft. Ohne es eigens auszusprechen, läßt sich doch von der Jungschen Psychologie her die Rückfrage an die christliche Theologie stellen und etwa so formulieren:

In welcher Hinsicht ist Rede von Gott überhaupt möglich? Kann der existierende, unnahbare, unnennbare mit dem beladensten aller Menschenworte Genannte überhaupt «Gegenstand» menschlicher Rede sein? Ist es nicht nur ein wie auch immer geartetes Bild oder Abbild des Bildlosen, Nichtabbildbaren, das als Vorstellungsinhalt in den menschlichen Erkenntnishorizont hineinreicht?

Gewiß sind derlei Fragen der Theologie nicht fremd, wenn wir beispielsweise an Rudolf Bultmanns Aufsatz denken «Welchen Sinn hat es, von Gott zu reden» (1925). Niemand wird behaupten wollen, daß erst C. G. Jung kommen mußte, um sie in letzter Dringlichkeit zu stellen. Jung macht immerhin von seinen Voraussetzungen her klar: Von Gott «an sich» kann im Grunde niemals gesprochen werden. Alle Aussagen, ganz gleich ob es sich um theologische handelt oder um solche, die unter Zuhilfenahme anderer Denkkategorien versucht werden, beziehen sich immer nur auf das Gottes*bild,* nämlich auf das, was als Gedanke, Vorstellung oder Begriff zum Gegenstand menschlicher Reflexion erhoben wird. Klarer als manchem Theologen ist ihm, dem Psychologen, wovon im religiösen Bezirk eigentlich gesprochen werden kann und wovon nicht.

Einem amerikanischen Briefschreiber, der Anstoß an dem Buch «Antwort auf Hiob» genommen und der geraten hatte, es genüge zu wissen, daß Gott die Liebe sei, schrieb Jung noch im letzten Lebensjahr: «In Wirklichkeit befasse ich mich mit anthropomorphen Darstellungen... Warum soviel Aufhebens über Symbolgeschichte, wenn doch alles ganz klar ist und in die kurze Formel ‹Gott ist Liebe› zusammengefaßt werden kann? Sie scheinen es zu wissen. Ich weiß viel weniger von Gott, denn alles, was ich über das höchste Unbekannte sagen könnte, ist in meinen Augen arroganter Anthromorphismus. Sie hätten einen Blick in mein einleitendes Vorwort tun sollen, dann hätten Sie entdeckt, daß mein kleines Buch sich nicht im geringsten dafür interessiert, was Sie oder ich von Gott glauben, sondern nur und in aller Bescheidenheit dafür, was die Symbolgeschichte dazu zu sagen hat. Da Sie diesen kleinen Unterschied nicht bemerkten, mißverstanden Sie mein ganzes Argument, so *als hätte ich über das Wesen Gottes geschrieben.*»[25]

Es ist also das jeweils in der Psyche aufleuchtende Gottes*bild,* das durch ein Ganzheitssymbol manifest werden kann. Insofern, und allein insofern, entspricht das Selbst dem Gottesbild. Damit ist die Stelle bezeichnet, an der etwas erfahren werden kann von dem, «was höher ist als menschliche Vernunft».

Damit ist auch exakt der Punkt bezeichnet, den Jung zu überschreiten nicht gewillt war. Wir könnten von den biblischen Zeugnissen her sagen: Was jenseits dieses Punktes liegt, ist ohnehin das Transzendente, angesichts dessen die Seher und Propheten jäh verstummen, weil sie – wie Jesaja – erkennen, daß sie «unreiner Lippen» sind. Die Glaubensgeschichte des alten Israel und des neuen Bundesvolkes bietet genügend Beispiele, die für die Erfahrung der «Allmacht» Gottes stehen und bei denen der Ergriffene weiß, daß Attribute wie Allmacht u. dgl. den «Allmächtigen» nicht etwa faßbarer machen, als wäre

nicht auch hier der Mensch einem Bild, einem freilich übermächtig wirkenden Gottesbild gegenübergestanden.
Worin liegt dann die Bedeutung Jungs? – Sie liegt in unserem Zusammenhang wohl darin, daß er die Vorläufigkeit aller menschlichen Rede von Gott aufs neue bewußt gemacht hat. Doch das ist nur das eine. Das andere liegt darin, daß es einen «Ort» gibt, an dem sich der Mensch die Gottesbeziehung zur Erfahrung bringen kann. Es ist kein beliebiger Ort. Es ist der Mensch selbst, der anrufbare, der von Gott in seiner Geschöpflichkeit angeredete Mensch. Mit dem Menschsein ist die Beziehungsfähigkeit gestiftet: «Auf Gott hin hast du uns geschaffen», sagt schon Augustinus. Was an der Jungschen Psychologie deutlich werden kann, aber ist doch dies: Das von Gott selbst in der Seele Veranlagte (anima naturaliter Christiana) kann unentfaltet bleiben; es kann aber auch zu dem entwickelt werden, was der Mensch vor seinem Schöpfer und Erlöser werden soll.
Unter diesem Aspekt betrachtet – es ist im besondern Maße ein psychologisch-psychagogischer Gesichtspunkt – ist Menschsein ein Unterwegssein zur Vereinigung mit seinem wahren Selbst:
«Es ist noch nicht erschienen, was wir sein werden. Wir wissen aber, wenn es erscheinen wird, daß wir ihm gleich sein werden.» (1. Joh. 3,2)
«Wir werden verwandelt werden ...» (1. Kor. 15,52)
Damit stehen wir erneut vor einem Hauptstück der johanneisch-paulinischen Anthropologie, vor dem Geheimnis der Wandlung, freilich von einer höchsten eschatologischen Warte aus betrachtet. Jung hat niemals den Anspruch erhoben, daß die Reichweite seiner psychologischen Anschauung diese fernsten Horizonte der Menschheitszukunft, etwa auf der Ebene der Johannes-Offenbarung, einbezieht. Aber es gibt zweifellos Stufen und Durchgangsstationen auf dem Weg der Kommunion mit dem wahren Selbst, Christus. In den Zuständigkeitsbe-

reich des Psychologen fallen diese, sofern sie erfahren und in die menschliche Existenz integriert werden können oder sofern der Mensch auf dem Weg der Selbst-Werdung das klärende Wort und den Beistand des Therapeuten nötig hat.

# PSYCHOLOGISCHE BAUSTEINE ZU EINER TIEFENTHEOLOGIE

## *a) Der objektive und der subjektive Aspekt*

«Die subjektive innere Erfahrung ist vielleicht dasjenige neue wissenschaftliche Werkzeug, das, wenn es bewußt und kritisch angewendet wird, uns am ehesten in den Stand setzen kann, die heute so bitter nötige Korrektur am zu materialistischen Weltbild von gestern vorzunehmen. Die Wissenschaft einer neuen Gegenwart, will sie ihrer Verantwortung als erste Führerinstanz in der Welt nachkommen, kann auf das Werkzeug der subjektiven inneren Erfahrung nicht mehr verzichten. Mit der nur logischen Vernunft allein geht es nicht... Denn das Zeitalter der Aufklärung und des, wenn auch redlich gemeinten, Nur-Intellektualismus ist nun vorbei.» [26]

Dieser Überzeugung gibt Balthasar Staehelin in seinem beachtenswerten Buch «Haben und Sein» beredten Ausdruck. Auch mehren sich die Stimmen derer, die das Ungenügen einer bloß rationalistischen Blickverengung empfinden, wie sie in der neueren Geschichte der Christenheit um sich gegriffen hat. In der Theologie, die unter Berufung auf den mündig werdenden Menschen im Zeichen der «Aufklärung» angetreten ist, die das Vernunftlicht der Bibelkritik und der (im weitesten Sinne des Wortes verstandenen) Entmythisierung der heiligen Überlieferung angezündet hat, beginnt man sich der fragwürdigen Einseitigkeit dieses Unterfangens bewußt zu werden. Aber wir treiben immer noch eine gleichsam nur auf die Außenseite der Wirklichkeit achtende Bewußtseinstheologie, ganz gleich ob dabei mehr die hermeneutische Frage des Redens von Gott, der Bibelinterpretation usw. oder ob die Frage der gesellschaftlichen Veränderung auf der Tagesordnung der theologischen Forschung, der kirchlichen Verkündigung und der sozialdiakonischen Aktion steht. Die vieldimensionale Einheit, an der alles Lebendige, in ihr der Mensch in voller Bewußtheit teilhat oder doch teilnehmen kann, duldet keine Aufsplitterung in Teilbereiche. Das geht im gelebten Leben nicht ohne Schaden ab; das führt auch in Theologie und religiösem Leben zu den bekannten Mangelerscheinungen und Verkümmerungsphänomenen. Sie, die Theologie, die den Anspruch erhebt, unter Berufung auf die reichen Traditionen die Fülle Christi anschauend, denkend zu umspannen, neigt ohnehin leicht zu lehrmäßiger Erstarrung und zur Abstrahierung der jeweils zugrunde liegenden spirituellen Wirklichkeit. Nachdem sich religiöses Erleben und theologische Reflexion im Laufe der Zeit – diese Tendenz manifestierte sich schon in früheren Geschichtsabschnitten! – immer stärker voneinander entfernt haben, ist es an der Zeit, daß die Theologie von dort neue Impulse empfängt, wo die «Tiefe des Seins» nicht nur ein philosophisch-theologisches Postulat darstellt, sondern einen Erfahrungsgrund, aus dem christliche Spiritualität hervorwächst. Auf diesen Grund geistig-religiöser Erfahrung stoßen wir in einer doppelten Weise, mittelbar und unmittelbar. Die Mittelbarkeit der Begegnung ist durch die Beschäftigung mit den geschichtlichen Zeugnissen und mit dem Leben derer gegeben, die als Pneumatiker, als Geistesempfänger, als Inspirierte und Erleuchtete der Wirkung des göttlichen Geistes standzuhalten haben und hatten. Wir denken an die Zeugnisse eines inneren Christentums, das bereits im Neuen Testament anhebt, wo bestimmte Menschen getrieben vom Geist ihre Gottes- und Christuserfahrung in Wort und Schrift niedergelegt haben. Und wir denken an die großen Zeugen eines esoterischen Christentums, die in der Folgezeit zu Trägern des Geist-Impulses geworden sind.[27] – Zu einer unmittelbaren Geistbegegnung kommt es indes dort, wo das Wort der Schrift, wo Bild und Symbol der religiösen Überlieferung zwar den Anstoß geben, wo aber jetzt und hier ein Mensch vom Anspruch des göttlichen Wortes getroffen wird; wo in der eigenen Seele ein neues Sehen, Hören und ein neues Sinnergreifen Ereignis wird; wo nicht «blind» geglaubt werden muß, sondern wo christlicher Glaube zu einem Erkenntnisorgan neuer Ordnung wird; wo blind anmutender Glaube sich als sehender Glaube erweist, fähig, der Realität dieses Lebens standzuhalten.

So gesehen bedarf die Spontaneität des göttlichen Geistes keiner Vermittlung von außen. Und der geringste Anlaß oder Gegenstand ist gut genug, daß sich an ihm das Feuer der inneren Erfahrung entzünde. An Belegen dafür mangelt es nicht. Tatsache ist aber auch, daß sich Erfahrenheit oftmals erst dann einstellt, wenn ein bestimmter Weg gegangen, eben «er-fahren» wird. Die Wege der Mystiker und der Esoteriker von einst sind aus mancherlei Gründen nicht ohne weiteres als heute gangbare Wege zu empfehlen, wiewohl unschätzbares Erfahrungsgut der Aktualisierung fähig ist. Und für eine Tiefentheologie, deren wir in der Gegenwart bedürfen, bieten sich Wege an, die der heutigen Bewußtseinsverfassung gemäß sind. Die Analytische Psychologie und Therapie ist ein solcher Weg: sie kann zumindest als ein solcher Weg, der zu Christus führt, erprobt werden.

Im folgenden wird es darum gehen, die Voraussetzungen, unter denen dies der Fall sein könnte, abzuklären und eine Reihe von Elementen, die als Bausteine zu einer Tiefentheologie dienen können, aufzustellen. Es geht uns nicht um eine «Theologie der religiösen Erfahrung»; es geht uns vielmehr um die religiöse Erfahrung selbst, die die prima materia allen Redens von Gott darstellt. «Mir scheint, daß eine Theologie, die in dieser Weise Impulse von der Psychotherapie erhält, besser ist als eine ohne

solchen Einfluß. Der Theologe täte darum gut daran, mit der psychotherapeutischen Bewegung in Verbindung zu bleiben. Der Seelsorger und Pfarrer sollte sich aber darüber im klaren sein, daß er in seiner Arbeit nicht nur einzelnen Menschen, sondern auch der Theologie dient und dadurch vielen Menschen hilft, die er persönlich nicht erreichen kann.»[28] Dieser Hinweis Paul Tillichs ist durch den anderen zu ergänzen:
«Die Psychotherapie ist einer der Faktoren, die sowohl die Praxis wie die Theorie gezwungen haben, die subjektive Seite der christlichen Existenz mindestens so ernst zu nehmen wie die objektive»,[29] gemeint ist die Seite Gottes und der göttlichen Offenbarung. Von dieser objektiven Seite muß freilich wiederum gesagt werden, daß – wie bereits gesagt – von dem verborgenen Gott, eben um seiner Verborgenheit willen, immer nur Subjektives ausgesagt werden kann. Theologe und Psychologe finden sich auf ein und derselben Ebene vor! Aufgabe des Psychologen und Psychotherapeuten wird es sein, zu zeigen, daß und inwiefern *alles* Reden von Gott subjektiv bleibt, der «Objektivität» entbehrt, während der theologische Partner allzuoft seine eigene Position verkennt, wenn er auf den Psychologen herabblickt, der angeblich «nur psychologisch» rede.
Darin liegt eben der große Irrtum, wenn der Theologe meint, in einer anders bzw. höher qualifizierten Weise von Gott reden zu «können»[30] als der Psychologe, der angeblich «nur» für die menschliche Psyche zuständig sei, während der Theologe hingegen unter Berufung auf das göttliche Pneuma zu sprechen vermöge. Der Theologe stütze sich demzufolge auf die Offenbarung, die «von oben her» komme, während der Psychologe der Immanenz des Irdisch-Menschlichen verhaftet bleibe.
Ohne auf das an sich schon problematische «oben» und «unten» einzugehen, wird man sagen müssen: Wer derartiges behauptet, der vergißt, als Theologe sich darüber

Rechenschaft abzulegen, auf welchem Weg das in Anspruch genommene Offenbarungswissen an die Menschheit einst herangetreten ist und heute aufs neue herantritt. Denn auch das Offenbarungswissen und auch die Inhalte des christlichen Dogmas in seinen spirituell bzw. pneumatisch sublimsten Formen ist von konkreten Menschen in Fleisch und Blut in einer ganz bestimmten seelischen Verfassung und in einem ganz bestimmten geschichtlichen, also der Weltzeit zugehörigen Augenblick empfangen worden. Biblische Hinweise auf die Theopneustie, das heißt auf das von Gott Eingehauchtsein des Bibelwortes, können schwerlich als Gegenargument ins Feld geführt werden, wenn es beispielsweise einmal heißt:
«Niemals ist eine Weissagung durch menschlichen Willen hervorgebracht worden, sondern durch den heiligen Geist getrieben, haben Menschen von Gott aus geredet» (2. Petr. 1,21 – Zürcher Bibel).
Hier scheint zunächst mit aller Deutlichkeit eine Grenze gezogen zu sein zwischen der inspirierenden Kraft des Heiligen Geistes und dem Willen des Menschen. Halten wir Aussagen der Tiefenpsychologie Jungs daneben, dann wird das biblische Wort exakt bestätigt oder doch als eine sachgemäße Voraussetzung für alles religiöse Reden angenommen. Denn gerade diese Psychologie macht dem heutigen Menschen deutlich, was den ersten Empfängern der neutestamentlichen Botschaft eine Selbstverständlichkeit war, was dem heutigen Predigthörer oder Bibelleser fraglich erscheinen mag. Durch willentliche, also mit bewußter Absicht läßt sich niemals das hervorbringen, was – religiös gesprochen – der Heilige Geist bewirkt oder sagt. Dieses nichtbewirkbare Reden des Geistes bleibt dem Menschen unbewußt, und zwar so lange, bis sich gleichsam von der anderen Seite oder von der anderen Dimension der Wirklichkeit her das Wirken des Geistes Gottes auf der Projektionswand des menschlichen Bewußtseins abzeichnet oder dort Spuren hinterläßt. In dem Moment, in

dem diese «Aufzeichnung» erfolgt, ist aber notwendigerweise so etwas wie eine Transformation erfolgt, eine Umwandlung vom Göttlichen ins Menschliche, eine Umwandlung vom bis dahin Unbewußten in eine vom Bewußtsein erfaßbare Gegebenheit. Und erst *diese* Aufzeichnungen oder Spuren, die wir dann das Wort der Offenbarung, dogmatische Symbole oder theologische Aussagen nennen, sind aussagbar und damit der Reflexion zugänglich. Erst *sie* sind die Materialien oder Grundstoffe für die Theologie wie für jede andere Deutungswissenschaft. Der offenbarende Gott selbst bleibt unsichtbar; er bleibt ein absolut «verborgener Gott». Von ihm wissen wir nichts. Was aus den Finsternissen dieses Gottes heraustritt, muß sich notgedrungen in die Begriffsgestalt des menschlichen Fassungsvermögens hinein inkarnieren, die eine entsprechende Wahrnehmung möglich macht. Wo eine wie auch immer geartete Wahrnehmung, und sei es in Gestalt der leisesten Ahnung, erfolgt, da handelt es sich lediglich um das im Menschen entstehende Bild von Gott; das göttliche Sein und Tun, das An-sich-Sein Gottes bleibt indessen dem Menschen gänzlich unbewußt.

Es liegt nahe zu sagen: Hier stehen wir vor einem religionspsychologischen Problem, vor der Frage nämlich nach dem Wie und nach dem Woher der Hervorbringung des Gotteswortes, das sich ins Menschenwort (Begriff, Vorstellung usw.) kleidet, das jedenfalls sich *immer nur als Menschenwort* (verbal oder ereignishaft) darbietet.

Ist es wirklich ein Problem? – Im Sinne wissenschaftlicher, theologischer religionspsychologischer Fragestellung ist es das zweifellos. Sprechen wir aber von einem Problem, dann müssen wir uns hier und in jedem Zusammenhang, wo Vergleichbares sich zuträgt, darüber im klaren sein, daß wir damit vollends das Feld der Reflexion betreten haben. Das ist der Fall, wo immer theologisch etikettierte Begriffe gegeneinander abgewogen werden, so wie das mit philosophischen Ideen oder mit naturwissenschaftlichen

Daten usw. ebenfalls geschieht. Auch im theologischen Reden von Gott ist der menschliche Raum betreten. Eine Unterscheidung von Pneuma und Psyche gibt es *hier* jedenfalls nicht mehr in dem Sinne, daß dem theologischen Reden eine Höherwertigkeit beigemessen werden könnte. Nochmals: Stellt das Spannungsverhältnis von Gotteswort und Menschenwort wirklich nur ein «Problem» dar? – Die Antwort muß unter verändertem Aspekt ein deutliches Nein sein: Nicht ein Problem liegt hier vor, für das eine Problemlösung erwartet oder erbracht werden kann. Wir stehen vor einem Mysterium, das nur in seiner Faktizität und in seiner Realität, also in seiner Tatsächlichkeit und in seiner Wirklichkeit bzw. Wirksamkeit bestätigt werden kann. Bestätigen, bezeugen, als Tatsache und als Ereignis ausweisen kann jedoch nur der ein echtes Mysterium, der es selbst erfahren hat. Und hier ist der bedeutsame Ansatzpunkt der Tiefenpsychologie. Als Erfahrungswissenschaft will die Analytische Psychologie Jungs nichts Geringeres als eben dieses je und je sich aktualisierende Mysterium der heutigen Bewußtseinsverfassung zugänglich machen. Ihr besonderer Beitrag liegt «in der Erschließung des Unbewußten als jenes Bereichs, in dem die Mächte der Religion und des Mythos heute noch empirisch faßbar sind.»[31]

Was kann und was soll mit den Gehalten religiöser Überlieferung geschehen, die einstmals der Menschheit zugesprochen worden sind? – Die Antwort darauf läßt sich mit dem Wort geben, die der oben angeführten Stelle aus dem 2. Petrusbrief unmittelbar vorausgeht: Da heißt es:

«So ist uns das prophetische Wort, das wir haben, fester geworden, und ihr tut gut, darauf zu achten als auf ein Licht, das an einem dunkeln Orte scheint, bis der Tag anbricht und der Morgenstern aufgeht in euren Herzen...» (2. Petr. 1,19 – Zürcher Bibel).

So ist das überlieferte Wort ein Licht, das Dunkles erhellt. Gleichzeitig ist es noch etwas Vorläufiges. Es geht

der Fülle des Lichts, das mit dem Anbruch des vollen Tages sich jedem sehenden Menschen schenkt, voraus.
Nicht anders hat Jung auf die Zeugnisse der Religion, des Christentums und des geistigen Lebens hingeschaut, wenn er derartige Dokumente dazu benutzte, um «dunkle» Momente in den Hervorbringungen aus dem Unbewußten zu «erhellen». (In der Gestalt der sogenannten Amplifikationsmethode wird diese psychotherapeutische Methode bei gegebenem Anlaß in der Traumdeutung angewandt.) Diese Bemühungen um erhellende Deutung sollen jedoch nicht als Selbstzweck aufgefaßt werden. Auch dienen sie nicht der Befriedigung der Neugierde. Die zitierte Bibelstelle spricht vom Anbruch des «Tags» und von der Erscheinung des «Morgensterns».
Die theologische Auslegung dieser Stelle wird auf die erst noch bevorstehende Fülle der Christuserscheinung hinweisen. Auch das soll nicht in Zweifel gezogen oder abgeschwächt werden, wenngleich derartige Worte aus unterschiedlichen Perspektiven heraus betrachtet werden können und sollen. Allein, es darf auch nicht übersehen werden, daß diese Christuserscheinung, die (präsentische) Ankunft Christi heute und die (futurische) in der Zukunft des Jüngsten Tags, immer auf den konkreten Menschen bezogen bleibt. Das weiß auch der uns nicht bekannte neutestamentliche Briefschreiber, denn er spricht vom Aufgang des Morgensterns «in euren Herzen».
Damit ist an den Menschen appelliert, für den das Licht des prophetischen Wortes ganz neue, ungeahnte, also vorerst unbewußt bleibende Ausmaße bekommen kann und soll; dann nämlich, wenn der Morgenstern *im* Menschen aufgeht und auf diese Weise zur unumstößlichen Erfahrungstatsache des einzelnen wird. Die Väter der Schriftauslegung haben immer um die Wirklichkeit des «inneren Wortes» (testimonium spiritus sancti internum) gewußt.[32]
Man muß in diesem Zusammenhang aber auch daran erinnern, daß die verfaßte Kirche, die «Kirche des Wortes»

im besonderen, aus lauter Furcht vor etwaiger «Schwärmerei», die großen Geistesträger und Zeugen des inneren Wortes – unter ihnen Origenes, Joachim von Fiore, Thomas Müntzer, Jakob Böhme – diskreditierte oder gar als gefährliche Irrgeister hinstellte. Daß ein sorgfältiges Hinhören auf die wahren Intentionen dieser Männer selbst heute noch vonnöten wäre, schon allein um der Korrektivfunktion der «Ecclesia spiritualis» willen, verdient eigens hervorgehoben zu werden.[33]

Doch schließen wir unseren Gedankengang ab, indem wir zu der Frage nach der religiösen Tradition und nach dem jäh anbrechenden Erleuchtungszustand zurückkehren: Das prophetische Wort, das es festzuhalten gilt – auch Jung tut das auf die bekannte Weise! – wird in dem Moment in ein ganz neues Licht getaucht, in dem im betreffenden Menschen selbst das «Licht» aufgeht und er selbst erfährt, was ihm bis dahin das prophetische Wort von einst, eben die religiöse Überlieferung, heute sagt. Bisher konnte er nur glaubend, vertrauend das Wort «festhalten», es meditieren, es im Alltagsleben zu befolgen suchen. Nun aber geht der «Morgenstern» auf. Als die «Aurora consurgens», die aufsteigende Morgenröte kennt das hohe Mittelalter dieses Motiv; als den «Sohar», den Glanz und in Gestalt des Buchs des Glanzes hütete das esoterische Judentum seine mystische Überlieferung (Kabbala). Schließlich überschreibt der Görlitzer Schuster Jakob Böhme auf der Schwelle zur Neuzeit sein Erstlingswerk mit den Worten «Die Morgenröte im Aufgang...», nicht ahnend, daß sein Buch Ungezählten den Anstoß zur eigenen Innenerfahrung werden sollte, nämlich als «Weg zu Christo», der als ein christlicher Einweihungsweg angesehen werden kann.[34]

Damit ist zugleich der religionspsychologische Ort und die Aufgabe der Tiefenpsychologie bezeichnet: Sie soll etwas vermitteln helfen und zur Eigenerfahrung bringen helfen, was durch das bloße Pochen auf Schrift und

Schriftbeweis, auf Tradition und auf kirchliche Lehrautorität «draußen» bleibt. Der befremdende Anspruch, wie ihn der heutige Mensch im besonderen empfindet, hört erst dann auf, ein Hindernis für den Zugang zur christlichen Spiritualität darzustellen, wo zwar der Buchstabe nicht einfach durch das Licht des Geistes verdrängt, wohl aber durch das Licht des Geistes erhellt wird. Jakob Böhme drückt das hier Gemeinte folgendermaßen aus:

«Ich trage in meinem Wissen nicht erst Buchstaben zusammen aus vielen Büchern, sondern ich habe den Buchstaben *in* mir; liegt doch Himmel und Erden mit allem Wesen, dazu Gott selber *im* Menschen. Soll er denn in dem Buche nicht dürfen lesen, das er selber ist?... liegt doch die ganze Bibel in mir; so ich Christi Geist habe, was darf (brauche) ich denn mehr Bücher? Soll ich wider das zanken, das außer mir ist, ehe ich lerne kennen, was in mir ist? – So ich mich selber lese, so lese ich in Gottes Buch...»[35]

Solche Worte verdienen im Blick auf die Introspektion und im Blick auf die Selbsterfahrung meditiert zu werden, die die Analytische Psychologie als heutigen Weg anbietet.

### *b) Religionspsychologische Voraussetzungen*

Ehe von weiteren Momenten der religiösen Orientierung und der Wegweisung auf Christus hin bei Jung gesprochen werden kann, wird es angebracht sein, einige tiefenpsychologische Tatbestände und die auf sie bezogenen Begriffe in kritischen Augenschein zu nehmen. Das ist im Blick auf deren Brauchbarkeit erforderlich, und zwar im Umfang der Analytischen Psychologie überhaupt. Es geht dabei um keine geringere Frage als um die, ob Jungs Denken – abgesehen von seiner persönlichen Erfahrung – der religiösen Problematik überhaupt angemessen ist. Wir knüpfen dabei an früher angestellte Überlegungen an.

Die Notwendigkeit kritischer Betrachtung ergibt sich schon angesichts der immer wieder geäußerten Befürchtung einer etwaigen «Psychologisierung», das heißt einer Überfremdung der religiösen Wirklichkeit durch die psychologische Deutung. Das ist nicht weiter verwunderlich, wenn man sich beispielsweise der Freudschen Religionskritik in «Die Zukunft einer Illusion» erinnert, von der selbst Joachim Scharfenberg gesteht, sie sei «die wohl schärfste Polemik gegen jede Form der Religion, die seit Feuerbach erschienen war».[36] In der 1927 publizierten Schrift setzte Freud die Religion mit einer Kindheitsneurose gleich und stellte den religiösen Glauben als eine Illusion hin. Die religiös-neurotische Phase der Menschheit gelte es zu überwinden. Freud gab sich diesbezüglich optimistisch. Und was die religiösen Illusionen bzw. die Religionen als Verkörperung von Illusionen anlangt, jene «Erfüllungen der ältesten, stärksten, dringendsten Wünsche der Menschheit», so gelte es sie zu durchschauen, nämlich hinsichtlich der zugrundeliegenden Motivierung. Freud sah generell im Motiv der Sehnsucht nach angeblicher Wunscherfüllung die Basis der von ihm unterstellten religiösen Illusionen. Diese Freudsche Religionskritik und andere Eigentümlichkeiten der Psychoanalyse meinten nicht wenige Theologen als Alibi für eine Nichtbeschäftigung mit der Tiefenpsychologie benutzen zu können. Wenngleich hier ein Wandel eingetreten ist, bisweilen unter dem Deckmantel einer theologischen Freud-Schwärmerei, so ist es noch nicht lange her, seitdem Karl Barth (samt Anhang) die Theologie «im schauerlichen Sumpf der Psychologie des Unbewußten» ertrinken sah.

Was nun die Indienstnahme tiefenpsychologischer Einsichten, Hypothesen und Begriffe durch die Theologie anbelangt, so kann davon ausgegangen werden, daß die christliche Theologie im Laufe ihrer zweitausendjährigen Geschichte bei den verschiedensten philosophischen und weltanschaulichen Systemen Anleihen gemacht hat. Das ergab sich aus dem Bedürfnis, mit den jeweils verfügbaren, das Zeitbewußtsein repräsentierenden Denkmitteln und sprachlichen Ausdrucksformen das Geheimnis des Glaubens zu bergen und die Inhalte des religiösen Lebens zu artikulieren. Es liegt in der Natur des sich wandelnden menschlichen Bewußtseins, daß religiöse Erfahrung so zur Sprache gebracht wird, wie dies der jeweiligen Zeit angemessen ist. Jung hat sich wiederholt zum Erfordernis einer Neuinterpretation des Glaubens bekannt. Dabei kann es sich freilich nur um eine Neuinterpretation handeln, die an gewisse, auf das zu interpretierende Glaubensgut Rücksicht nehmende Voraussetzungen gebunden ist. Worauf hierbei geachtet werden muß, das hat der Berliner Theologe Wilhelm Knevels im Zusammenhang seiner Auseinandersetzung mit theologischer Orthodoxie und Existenzialtheologie einmal so umschrieben:

«Die Theologie kann Begriffe, die von der Philosophie geprägt und durch die Philosophie hindurchgegangen sind, gebrauchen und wird sie nicht entbehren können. Aber sie darf diese nicht einfach in ihrem jetzigen philosophischen Verständnis oder gar in dem Verständnis einer bestimmten philosophischen Richtung übernehmen; sie muß sie vielmehr in Berührung und Auseinandersetzung mit der Philosophie in einer ihrem Gegenstand angemessenen eigentümlichen Weise entwickeln, und sie wird sie innerhalb ihres Gebietes mit eigenem Gehalt füllen... Schon Luther hat darauf hingewiesen, daß die Sprache der Heiligen Schrift eine andere ist als die philosophische und daher einzelne Begriffe der Schrift für die Theologie einen anderen Sinn haben als für die Philosophie.» [37]

Was von der Philosophie in ihrem Verhältnis zur Theologie im allgemeinen gesagt ist, das läßt sich – entsprechend abgewandelt – auf das Verhältnis von Tiefenpsychologie und Theologie übertragen. Alles religiöse Erleben, sodann alles theologische Reden von Gott ist zwar auf das Offenbarungsgeschehen Gottes, auf das «Reden

Gottes» (deus dixit) bezogen. Dieser als objektiv zu bezeichnenden Tatsache der Offenbarung ist immer auch ein subjektiver, für die religionspsychologische Betrachtung zugänglicher Faktor zugeordnet, nämlich – wie wir im vorausgegangenen Abschnitt gesehen haben – der glaubende, erlebende, agierende, schließlich auch der theologisch reflektierende Mensch. In seiner Systematischen Theologie hat Paul Tillich diesen Sachverhalt folgendermaßen beschrieben:

«Die Offenbarung enthält stets ein subjektives und ein objektives Geschehen, die streng voneinander abhängen. Jemand ist durch die Kundmachung des Geheimnisses ergriffen: das ist die subjektive Seite des Geschehens. Andererseits geschieht etwas, wodurch das Geheimnis der Offenbarung jemanden ergreift: das ist die objektive Seite. Diese beiden Seiten können nicht voneinander getrennt werden. Wenn nichts objektiv geschieht, so wird nichts offenbar. Wenn niemand das subjektiv empfängt, was geschieht, so hört das Ereignis auf, etwas zu offenbaren. Das objektive Ereignis und die subjektive Aufnahme gehören beide zum Ganzen des Offenbarungsgeschehens. Die Offenbarung ist nicht wirklich ohne die empfangende Seite, und sie ist nicht wirklich ohne die gebende Seite.»[38]

Auf eine religiösen Tatbeständen und Vorgängen zugewandte Tiefenpsychologie bezogen, könnte die kritische Frage etwa so gefaßt werden: Eine Tiefenpsychologie kann nur dann ihre Aufgabe erfüllen, wenn sie sich in den Grenzen ihrer Möglichkeiten bewegt und nicht etwa der Theologie Vorschriften macht, was und wie die religiöse Realität zu sein habe. Es ist der Psychologie jedenfalls versagt, die erwähnte objektive Seite der Offenbarungstatsache ausdeuten zu wollen. Darin ist der Psychologe jedoch in keiner grundsätzlich anderen Situation als der Theologe, insofern sich beide bewußt sind, streng genommen immer nur von dem reden zu können, was in den Erfahrungshorizont des Menschen hineinreicht. Im

Eingeständnis der Unsichtbarkeit Gottes, der prinzipiell auch der Prophet und der Visionär gleich welcher Gattung unterworfen bleibt, stimmt die Christenheit mit der alttestamentlichen Frömmigkeit und Gotteslehre überein. Schulungswege, die zu «Erkenntnissen höherer Welten» hinführen wollen oder Wegen der Selbst-Erfahrung, wie die Analytische Psychologie Jungs einen darstellt, verlaufen ebenfalls in diesem der Subjektivität und der Vorläufigkeit menschlicher Erkenntnisfähigkeit. Gemessen an dem, was vom Menschen unbeeinflußbar aus dem Raum der Offenbarung «von oben her» auf den Menschen zukommt, bleibt alles menschliche Erleben und Erkennen, auch die größtmögliche Steigerung oder Erhellung des Bewußtseins vergleichsweise ein «Vorspiel» (praeambulum fidei) im thomistischen Sinne.[39]

An dieser Stelle denke man auch daran, mit welcher Leidenschaft der junge Karl Barth mit der Aufgabe theologischer Rede von Gott gerungen hat, als er seine Situation, die die Situation jedes Verkündigers ist, mit den Sätzen charakterisierte: «Wir sollen als Theologen von Gott reden. Wir sind aber Menschen und können als solche nicht von Gott reden. Wir wollen beides, unser Sollen und unser Nicht-Können, wissen und eben damit Gott die Ehre geben...»[40]

Daneben erinnere man sich, mit welcher Entschiedenheit sich C. G. Jung gegen ein reduktives psychologisch-psychologistisches Denken gewandt hat, die komplexe und mehrdimensionale Phänomene auf ein eindimensionales «Nichts als...» zurückzuführen sucht. Bei der zitierten Freudschen Interpretation der Religion als Illusion (Religion sei «nichts als» Illusion, nichts als der Versuch einer infantilen Wunscherfüllung usw.) ist der Fall einer derartigen Reduktion gegeben. Im Grunde handelt es sich dann gar nicht um eine Interpretation, bei der ein geistiger Gehalt in eine andere Form der Darstellung überführt wird, sondern eben um eine qualitätsverändernde Reduktion.

Demnach liegt bei dem Versuch, außertheologische Erkenntnismittel wie die Psychologie in den Dienst der Interpretation des Religiösen zu stellen das Entscheidende daran, daß die betreffenden Denkstrukturen, Voraussetzungen, Vorverständnis, Terminologie usw. der zu erhellenden religiösen Thematik angemessen sind. Derartige Erkenntnismittel dürfen sich nicht etwa im vornherein dem spezifisch Religiösen verschließen. Und eben diese wichtige Voraussetzung, die zwar bewußten Verzicht auf religiöse Wirksamkeit übt, andererseits aber für die religiöse Funktion und Dimension offen bleibt, hat die Jungsche Psychologie in hohem Maße erfüllt. Einerseits bewegt sich Jung in den Bahnen empirischer Forschung; er respektiert die Grenzen, die eine kritische Erkenntnistheorie ziehen muß. Auf der anderen Seite ist sich Jung bewußt, daß nur eine für die Eigenart religiöser Manifestation offene Grundeinstellung und nur eine der Korrespondenz mit dem Religiösen fähige Psychologie der religionspsychologischen Aufgabe gewachsen ist.

Jung hat die Konfrontation der Psychologie mit der religiösen Frage sehr bald als einen wesentlichen Punkt seiner Arbeiten angesehen. Und was die Frage nach der Korrespondenz zwischen Tiefenpsychologie und christlicher Religion betrifft, so faßt er in seiner Autobiographie zusammen: «Ich lasse der christlichen Botschaft nicht nur eine Tür offen, sondern sie gehört ins Zentrum des westlichen Menschen. Allerdings bedarf sie einer neuen Sicht, um den säkularen Wandlungen des Zeitgeistes zu entsprechen, sonst steht sie neben der Zeit und dic Ganzheit des Menschen neben ihr. Dies habe ich mich bemüht, in meinen Schriften darzulegen.»[41]

Welche Elemente lassen sich nun nennen, an denen die Offenheit für das Religiöse im Werk Jungs deutlich wird? Es muß uns genügen auswahlweise einige Beispiele zu geben. Weitere Aspekte ließen sich sicher hinzufügen:

Auf die doppelte Blickrichtung bei der Beobachtung und

Bearbeitung unbewußter Hervorbringungen wurde bereits oben aufmerksam gemacht, als wir von der die kausale Betrachtung ergänzenden prospektiven Sichtweise sprachen.

Jung unterschied das vorwiegend in der klassischen Psychoanalyse geübte kausal-reduktive Denken, das auf die Ursachen psychischer Phänomene gerichtete «Verstehen nach rückwärts», von einer solchen Sicht, die ein «Verstehen nach vorwärts» erschließen hilft. Ein Blick ins Neue Testament zeigt, welche große Bedeutung diese auf die Zukunft des Menschen bezogene Betrachtungsweise für Christus und für das Leben des Menschen in Christus hat. So fragen beispielsweise (Joh. 9) die Jünger ihren Herrn, worin die Ursache für die Blindheit des Blindgeborenen zu suchen sei, während Jesus – ähnlich wie bei der Auferweckung des Lazarus (Joh. 11) – nach dem «Wozu» der Blindheit bzw. der Krankheit und des Todes Ausschau hält.

Auch in der Psychotherapie ist es nicht damit getan, die Gründe der Herkunft eines Leidensdruckes zu analysieren. Es geht immer auch darum, die jetzige Situation eines Menschen zu verstehen, sein Leiden meistern zu helfen und einen Weg in die Zukunft zu eröffnen. Damit ist immer auch die Frage nach dem Ziel eines Lebenswegs und nach dem Sinn eines Menschenlebens gestellt. Inwieweit diese Frage möglich ist und in welchem Maße eine Antwort darauf gefunden werden kann, dies darf als ein Gradmesser für die «Offenheit» der betreffenden Psychologie für die religiöse Dimension gewertet werden. Denn:

«Ein Mensch ist nur halb verstanden, wenn man weiß, woraus alles bei ihm entstanden ist. Wenn es nur daran läge, so könnte er ebensogut schon längst gestorben sein. Als Lebender ist er aber nicht begriffen; denn das Leben hat nicht nur ein Gestern, und es ist nicht erklärt, wenn das Heute auf das Gestern reduziert wird. Das Le-

ben hat auch ein Morgen, und das Heute ist nur dann verstanden, wenn wir zu unserer Kenntnis dessen, was gestern war, noch die Ansätze zum Morgen hinzufügen können... Denn die menschliche Seele, sei sie nun krank oder gesund, kann nicht bloß reduktiv erklärt werden.» [42]
Gegen den energischen Widerstand Freuds hat daher Jung eine prospektive Traumdeutung befürwortet und praktiziert. Er stand damit nicht allein. Neben anderen sprach sich auch Alphonse Maeder, ein kritischer Freud-Schüler, für eine finale Betrachtungsweise seelischer Vorgänge aus, was Freud mit dem Verdacht des Mystizismus zu beantworten pflegte.[43] Zu der überaus bedeutsamen Ausweitung des Begriffs vom Unbewußten sah sich Jung genötigt, nachdem er immer wieder auf Hervorbringungen der Psyche stieß, die nicht einfach auf das Resultat von persönlich verdrängten oder vergessenen Seeleninhalten zurückzuführen waren. Derartige Produktionen pflegen in Gestalt von Motiven oder Symbolen ans Tageslicht des Bewußtseins zu treten, die offensichtlich tiefer liegenden «Schichten» der Psyche angehören, als das selbst bei entlegendsten Inhalten des persönlichen Unbewußten der Fall ist. Von daher ergab sich die Annahme des Vorhandenseins eines überindividuell-kollektiven Unbewußten. Jung zog den Schluß:
«Es wäre ganz sinnlos, diese Kollektivideen auf Persönliches reduzieren zu wollen, und nicht nur sinnlos ,sondern direkt schädlich, wie mich die Erfahrung unliebsam lehrte... Die Bilder oder Symbole des kollektiven Unbewußten geben nur dann Werte von sich, wenn sie einer synthetischen (nicht analytischen) Behandlung unterworfen werden. Wenn die Analyse (das kausal-reduktive Verfahren) das Symbol in seine Komponenten zersetzt, so integriert das synthetische Verfahren das Symbol zu einem allgemeinen und verständlichen Ausdruck.» [44]
Von daher gesehen ist die Bezeichnung der Jungschen Forschungsart mit ihrem Begriff der «*Analytischen* Psy-

chologie» zumindest mißverständlich, weil in ihr das analytische Verfahren bestenfalls einen Teil der von Arzt und Patient in der psychotherapeutischen gemeinsam zu erbringenden Leistung darstellt. Jung hat darauf aufmerksam gemacht, daß «die Analyse, insofern sie nur Auflösung ist, notwendigerweise von einer *Synthese* gefolgt sein muß, und daß es seelische Materialien gibt, die so gut wie nichts bedeuten, wenn sie bloß aufgelöst werden, die aber eine Fülle von Sinn entfalten, wenn man sie nicht auflöst, sondern in ihrem Sinne bestätigt und mit allen bewußten Mitteln noch erweitert...»[45] Praktisch geschieht das immer dann, wenn zunächst unverständliche Einzelmotive, etwa die eines Traums durch ähnliche oder gleichgerichtete Motive aus der religiösen oder mythischen Tradition angereichert (amplifiziert) werden, bis sich eine Sinnhaftigkeit erschließt[46], und sei es auch nur in der Form einer Ahnung, die besagt: Das, was du da erlebt hast, was dir im Traumbild gesagt worden ist, enthält eine Botschaft, die dich in dieser Richtung voranbringen will usw.

So steht die Analytische Psychologie ganz im Zeichen der die Polaritäten und Gegensätze umspannenden Synthese. Das wird am eindrücklichsten im Laufe des im Rahmen dieser Psychologie ablaufenden psychotherapeutischen Prozesses. Selbst der Gegensatz, der sich aus der Konfrontation des Bewußten mit dem Unbewußten ergibt, wird durch eine synthetische Funktion – Jung nennt sie ebenfalls nicht ganz unmißverständlich «transzendente Funktion» – überbrückt, sodaß psychische Ganzheit auf höherer Ebene als Ziel auf dem Weg der Selbstverwirklichung angestrebt werden kann. Dabei ist zu bemerken, daß diese synthetische Funktion unabhängig davon in Tätigkeit tritt, ob ein tiefenpsychologischer Prozeß in der Form einer psychotherapeutischen Kur lege artis durchlaufen wird oder ob sich die psychische Gegensatzvereinigung und Reifung ohne besondere Vermittlung, also autonom und selbsttätig ereignet. Beide Male ist das Ziel das gleiche, nämlich die Individuation, in der der Mensch seines Selbst gewahr wird, sein wahres Selbst findet. Doch davon ist noch gesondert zu sprechen, zumal dieser Prozeß parallel zu und in Einklang mit dem religiösen Urerleben zu verlaufen pflegt oder doch – vornehmlich während der zweiten Lebenshälfte eines Menschen – im Sinne religiöser Erfahrung erlebt werden kann.[47]

Dieser prospektiven, auf Vereinigung der Gegensätze ausgerichteten Zielgebung hat Jung wiederholt Ausdruck verliehen, um sich gegenüber der ursprünglichen Psychoanalyse mit ihrer eigentümlichen Blickverengung abzugrenzen. Diese Abgrenzung kommt ebenfalls einer Öffnung für das religiöse Wirklichkeitsfeld gleich. In «Symbole der Wandlung» (1952) und an anderer Stelle hat Jung betont, daß er «die außergewöhnlichen Verdienste Freuds um die Erforschung der individuellen Psyche» damit keineswegs schmälern wolle. «Der begriffliche Rahmen aber, in welchen Freud die seelische Erscheinung spannte, erschien mir unerträglich eng. Ich meine damit keineswegs z.B. seine Neurosentheorie, die so eng sein kann, als sie mag, wenn sie nur dem Erfahrungsmaterial adäquat ist – oder seine Traumtheorie, über die man in guten Treuen verschiedener Ansicht sein kann; ich meine vielmehr den reduktiven Kausalismus seines allgemeinen Standpunktes und das sozusagen vollständige Außerachtlassen der für alles Psychische so charakteristischen Zielgerichtetheit.»[48]

### *c) Gesichtspunkte psychischer Energie*

Noch in einer anderen Hinsicht stellt sich der Schritt «von Freud zu Jung» für unsere religionspsychologische Fragestellung als bedeutsam heraus, nämlich im Blick auf das Verständnis und die Deutung der dem Seelischen zugrunde liegenden Antriebskraft. Es kann mit Rücksicht auf unser Thema jedoch nicht darum gehen, die einzelnen libidotheoretischen Positionen (lat. libido = Drang, Begierde, Verlangen) bei Freud und dann bei Jung in detailliert-differenzierter Weise darzulegen und so den Werdeprozeß anschaulich zu machen, zumal auf entsprechende Studien verwiesen werden kann.[49]

Es wird daher genügen zu zeigen, inwiefern schließlich der von Jung gebrauchte Begriff für seelische Energie nicht nur in quantitativer, sondern vor allem in qualitativer Hinsicht von der Freudschen Position entfernt ist. Dies festzustellen ist für uns um so wichtiger, als eine Psychologie auch in psychoenergetischer Hinsicht «offen» sein muß, wenn es gilt, die Wirklichkeit des Glaubens zu erfassen oder gegebenenfalls an diese Wirklichkeit heranzuführen.

In seiner Schrift «Drei Abhandlungen zur Sexualtheorie» (1905), die nach dem Werk «Traumdeutung» in besonderer Weise einen Zugang zum Grundbestand der Freudschen Lehre bilden sollen, findet sich die Definition:

«Wir haben uns den Begriff der Libido festgelegt als einer quantitativ veränderlichen Kraft, welche Vorgänge und Umsetzungen auf dem Gebiete der Sexualerregung messen könnte. Diese Libido sondern wir von der Energie, die den seelischen Prozessen allgemein unterzulegen ist, mit Beziehung auf ihren besonderen Ursprung, und verleihen ihr so auch einen qualitativen Charakter...»[50]

Libido wird für Freud zu einer betont biologisch verstandenen Energie, die sich als sexuelle Energie betrachten läßt, wiewohl der Begründer der Psychoanalyse bemüht ist, pansexualistischen Anschauungen zu entgehen. Er meinte immerhin, daß es einmal gelingen müsse, diese Libido – abgesehen von ihrer psychischen Komponente – als Substanz nachzuweisen und zu messen. Eine derartig ausgeformte Theoriebildung ist im Grunde nicht verwunderlich, wenn man bedenkt, wie sehr die ursprüngliche Psychoanalyse von Hypothesen und Meinungen beherrscht war, die noch um die Jahrhundertwende im Bereich von Physiologie und Physik gültig waren. Verwundern aber mag, daß Freud an diesen Voraussetzungen bis an sein Lebensende festgehalten hat.[51] Von daher gesehen ist es verständlich, wenn Freud von C. G. Jung in dieser Hinsicht einmal als «typischer Vertreter der materialistischen Epoche» charakterisiert wird, deren Hoffnung darin bestanden habe, «die Welträtsel einmal im Reagenzglas zu lösen.»[52]

Jung war nun seinerseits davon überzeugt, daß der von Freud eingeführte Libido-Begriff sich zwar für den praktischen Sprachgebrauch eigne, daß er aber in einem viel weiteren Sinne angewandt werden müsse, als dies in der Psychoanalyse von Anfang an geschehen ist. Um dynamische Veränderungen, vor allem Wandlungen im seelischen Bereich in angemessener Weise ausdrücken zu können, löste Jung daher den Libido-Begriff von der ursprünglichen Fixierung auf die einseitige sexuelle Bedeutung. Sein Ziel war es, diesen Begriff zur Bezeichnung umfänglicherer Wirklichkeitsgehalte heranzuziehen, in deren Zusammenhang die sexuelle Komponente zwar auch enthalten und bejaht ist, in dem sie aber zu einem Faktor neben anderen wurde. Das war nicht zuletzt deshalb erforderlich, weil vor allem der geistige Faktor und die symbolbildende Kraft in ihrer Mehrdimensionalität zur Geltung zu bringen war. Die Betonung liegt hier auf «Mehrdimensionalität», weil – wie noch zu zeigen ist – auch der einstige psychoanalytische, ebenfalls verengte Symbolbegriff neu gefaßt werden mußte.

Das Ausmaß und das Gewicht, das diese Neubestimmung des Libido-Begriffs – nunmehr als allgemeine psychische Energie verstanden – für Religion und Theologie hat, macht man sich am ehesten deutlich, wenn man die psychoanalytischen Studien betrachtet, die sich die Bibelinterpretation zur Aufgabe gestellt haben. Die qualitative Distanz, die zwischen den Deutungsversuchen aus der

Freudschen Schule und denen Jungs und seiner Nachfolger besteht, muß als beträchtlich bezeichnet werden, womit noch nichts über die partiellen, Einzelaspekte berücksichtigenden Interpretationen gesagt ist. Yorick Spiegel, der eine Reihe von meist älteren Arbeiten von vorwiegend jüdischen Autoren neuerdings zusammengestellt hat, gibt sich in der Einführung zu seiner Sammlung alle Mühe, jenes «gewisse Unbehagen» beim Leser abzubauen, das sich oftmals angesichts von psychoanalytischen Bibeldeutungen einstellt. Indem er als Herausgeber bei seinen theologischen Kollegen um Verständnis wirbt, gesteht Spiegel: «Auch wer anerkennt, daß die religiöse Sprache der biblischen Schriften libidinös besetzt ist, mag doch schokkiert sein, wenn Glaubensvorgänge in genital- oder analerotischen Symbolhandlungen ausgedrückt werden.» Diese Besorgnis wird kaum eingeschränkt, wenn der Herausgeber hinzufügt: «Man wird sich bei der Bewertung stets bewußt halten müssen, daß die Autoren nicht primär ihre Absicht darin sehen, mit ihren Arbeiten dem Leser zu einem tieferen Verständnis des biblischen Textes zu verhelfen. Sie schreiben nicht in apologetischer Absicht, sondern zur eigenen Selbstverständigung und Selbstlegitimation. Es sind Versuche, aus der Geschichtslosigkeit und der überwältigenden Gegenwärtigkeit der psychoanalytischen Entdeckung auszubrechen und geschichtliche Kontinuität herzustellen.»[53]

Auch wenn – zugegeben – in den vorgestellten psychoanalytischen Interpretationen eine nichttheologische Bibelexegese beabsichtigt ist, so leuchtet gewiß ein, daß der besagte Libido-Begriff Freuds und ein entsprechendes auf die sexuelle Eindeutigkeit reduziertes «Symbol»-Verständnis zu anderen Verständnishilfen als den dort gezeigten kaum fähig sein dürfte; sie sind zumindest ebenso naheliegend, wie sie für den Nichtpsychoanalytiker befremdlich sind. Gerade deshalb kann es nicht gleichgültig sein, unter welchem Aspekt psychische Energie betrachtet wird,

um einen Beitrag zu einer Tiefentheologie liefern zu können. Die Integration der sexuellen Kategorie in die theologische Bibelbetrachtung ist als solche zweifellos nötig gewesen und wird aus den bekannten Gründen als verdienstvoll zu bezeichnen sein. Fragt sich nur, ob und in welchem Maße eine fruchtbare Rezeption überhaupt erfolgen kann. Eine Beschränkung auf das Sexuell-Libidinöse erfüllt jedenfalls kaum die Erwartungen, die von der Theologie in diesem Punkt an die Tiefenpsychologie herangetragen werden. So drängt sich allein schon von daher eine Neufassung des ursprünglichen Begriffs auf.
Für Jung ist psychische Energie zunächst einmal das Psychisch-Wirksame überhaupt, wobei seine energetische Anschauung gleicherweise einen finalen, also einen zielgerichteten Aspekt zugrunde legt. Zum Gesichtspunkt der Gerichtetheit seelischer Energie tritt das Moment ausgleichender Tendenzen hinzu. Jung beobachtete, daß so etwas wie eine Energieumsetzung erfolgt. Wenn seelische Kraft aufgewandt worden ist oder an einer Stelle verschwand, so tauchte an anderer Stelle «ein gleich großes Quantum der gleichen oder anderen Energieform auf»[54]. Diese Beobachtung regte ihn dazu an, von einem Gleichgewicht herstellenden Äquivalenzprinzip zu sprechen. Dieses Prinzip wurde für ihn zum Grundgesetz aller energetischen Umformungen, insbesondere hinsichtlich der symbolischen Umformungen.[55] Überall, wo schöpferische Prozesse im Gange sind, tritt das Moment von psychischen Spannungsgegensätzen, von polar einander gegenübertretenden Erscheinungen hinzu, die nach einem Ausgleich der Kräfte verlangen. Denken wir an die Polaritäten von Gut und Böse, von Licht und Finsternis usw., die eben in ihrer Gegensatzstruktur im religiösen Leben und bis in die Lebenspraxis hinein eine maßgebliche Rolle spielen, so wird deutlich, warum die tiefenpsychologische Theoriebildung für die Theologie zumindest von hypothetischem Interesse sein dürfte. Entsprechende Hinweise hat Jung

im Zusammenhang mit dem Gottesbegriff gemacht, wenn er im gleichen Gedankengang schreibt:

«Obschon also der Gottesbegriff ein geistiges Prinzip par excellence ist, so will es das kollektive Bedürfnis doch haben, daß er zugleich auch eine Anschauung der ersten schöpferischen Ursache sei, aus der alle jene dem Geistigen widerstrebende Triebhaftigkeit hervorgeht. Damit wäre Gott der Inbegriff nicht nur des geistigen Lichtes, das als späteste Blüte am Baum der Entwicklung erscheint, nicht nur das geistige Erlösungsziel, in welchem alle Schöpfung gipfelt, nicht nur das Ende und der Zweck, sondern auch dunkelste, unterste Ursache aller naturhaften Finsternisse.»[56]

So anstößig derartige Gedankengänge von der kirchlichen Dogmatik aus empfunden werden müssen, so findet sich eine solche «Schlußfolgerung» nicht nur bei dem Seher Jakob Böhme, der in Gott sowohl das «Liebe-Licht» als auch das «Zorn-Feuer» wahrnahm und der in der Tiefe des «Ungrundes» die dunkle Wirklichkeit entdeckte. Jung ist sich auch der ungeheuren Paradoxie, auf die er stößt, bewußt, wenn er als Psychologe vom Gottesbild spricht. Und hat nicht selbst Karl Barth – wenngleich unter anderem Vorzeichen und mit ganz anderer Blickrichtung – unter Berufung auf gleichgerichtete Geister des Alten Testaments und des Christentums in provozierend paradoxaler Sprache von Gott geredet, als er seinen berühmten «Römerbrief»-Kommentar (1919/21) in der Theologie dieses Jahrhunderts eine Wende herbeiführte?

Die Diskrepanz zwischen Jung und Barth – wir erwähnten sie bereits eingangs – ist kaum zu überbrücken. Was indes «das ungeheuere Paradoxon» anlangt, das bei Barth durch das Gegenüber von Gott und Mensch, bei Jung durch das *in* der menschlichen Psyche und im Gottesbild anzutreffende Spannungsverhältnis ausgedrückt ist, legt dennoch einen Vergleich zwischen beiden Positionen nahe. Fest steht, daß weder eine Vermittlung noch eine Harmonisierung angestrebt oder erreicht werden könnte. Ein wesentlicher Unterschied zwischen beiden Entwürfen besteht darin, daß Barth lediglich die Unzuständigkeit des theologisch-rationalen Bewußtseins angesichts der Gottesfrage und hinsichtlich der Verkündigungsaufgabe als ein «Sollen und doch nicht Können» artikuliert, während Jung bis zu den Antriebskräften der psychischen Energetik den Nachweis für das polare Spannungsverhältnis erbringt und damit der Erfahrung zugänglich macht. Erfahrung aber zielt im Sinne der Analytischen Psychologie auf Selbst-Erfahrung, das heißt auf Realisierung des Selbst und bedeutet Ganzwerdung. Letztlich dienen die Spannungsverhältnisse, in denen sich die psychische Energie auslebt, dazu, eine die Gegensätze und Polaritäten umschließende Coniunctio herbeizuführen – annäherungsweise im Einzelmenschen, sub specie aeternitatis, vor dem weitesten Horizont in der großen Kommunion, die die apokalyptischen Kapitel der Evangelien und schließlich die Johannes-Offenbarung in bewegenden Bildern darstellen.

Schon hier tun sich universale Perspektiven auf, ohne daß die untersten, meist geringgeachteten Bauelemente – hier: die Triebenergien – ausgeschlossen sein müßten. Es fragt sich aber, ob eine Theologie, die schon Dietrich Bonhoeffer im Blick auf Barth eine «Vogel-friß-oder-stirb-Theologie» genannt hat, die Hilfe zu bieten vermag, die vom heutigen Menschen erwartet wird. «Die Zeit dürfte abgelaufen sein, in der die Theologie sich vorwiegend mit der Nichterfahrbarkeit Gottes beschäftigt hat und von ihm so zu reden pflegte, wie dic Leute in Andersens Märchen von des Kaisers neuen Kleidern sprachen.»[57]

In seinem ursprünglich als Zeitungsartikel (1929) veröffentlichten Aufsatz «Der Gegensatz Freud und Jung» hat Jung seine von Freud abweichende, über Freud hinausgehende Position auch der Theologie gegenüber folgendermaßen deutlich gemacht:

«Die Theologie kommt dem Suchenden nicht entgegen,

denn sie fordert den Glauben, der aber ein echtes und rechtes Charisma ist, das niemand machen kann. Wir Modernen sind darauf angewiesen, den Geist wieder zu erleben, das heißt Urerfahrung zu machen. Dies ist die einzige Möglichkeit, den Zauberkreis des biologischen Geschehens zu durchbrechen.»[58]

### *d) Das Symbol und seine Deutung*

Indem wir uns dem Thema des Symbolverständnisses und der Symboldeutung zuwenden, betreten wir naturgemäß ein Feld, das der tiefenpsychologischen Forschung, der praktischen psychotherapeutischen Arbeit, dem religiösen Erleben im allgemeinen und schließlich der theologischen Interpretation in gleichem Maße wichtig ist. Die Bedeutsamkeit des Symbols und der Symbolwelt überhaupt ist durch den erlebenden, den existierenden Menschen selbst gesetzt. Es betrifft ihn, ganz gleich welche Meinung er über symbolische Gegebenheiten hat, ob er einen Blick für das Symbolische besitzt oder ob er bereits den Gedanken daran von sich weist.

Halten wir zuerst einige Wesenszüge symbolischer Wirklichkeit fest:

Ein Symbol (von griechisch: symbolon, das Zusammengeworfene, Zusammengesetzte) stellte gemäß dem griechischen Wortsinn ursprünglich ein Erkennungs- und Beglaubigungszeichen dar, das von Partnern, Freunden, Boten zum Zwecke der Legitimation oder der Identität vorgezeigt wurde. Man tauschte etwa die beiden Hälften eines zerbrochenen Gegenstandes aus. Die Inhaber der jeweils zusammengehörigen Teile konnten sich dadurch zu erkennen geben, daß sich die unebenen Bruchstellen des ehemals ganzen Stückes ineinanderfügen ließen. So ist ein echtes Symbol dadurch charakterisiert, daß es Auseinandergerissenes als zusammengehörig erweist; daß so gut wie jeder konkrete, augenscheinliche Gegenstand zum Symbol werden kann. Zum Symbol geworden aber weist der symbolische Gegenstand weit über das hinaus, was die sinnenfällige Erscheinung, an der sich nicht das geringste ändert, ausdrückt. So sind etwa Brot und Wein Nahrungs- und Genußmittel. Als religiöse Symbole empfangen aber wird derselbe Wein und wird dasselbe Brot zum Träger eines Mysteriums. Brot und Wein werden so zum Vermittler im christlichen Altarsakrament des Leibes und Blutes dessen, der sich mit diesen beiden Gaben der Schöpfung sakramental verbunden hat. Das irdische Zeichen (Brot, Wein) wird zum Gefäß einer überirdischen, nicht weniger wirklichen Geistes- oder Gnadengabe, die der Mensch als Gabe seines Gottes kommunizierend in sich aufnimmt.

Diesem «gefüllten» Symbolverständnis stehen bisweilen alltägliche Redewendungen entgegen, die geeignet sind, den Sinngehalt symbolischer Wirklichkeit zu verfehlen oder zu reduzieren. Da wird etwa gesagt: Etwas sei «nur symbolisch» gemeint; dies oder jenes sei «nur eine symbolische Handlung» usw. – Wer sich über einen Tatbestand so äußert, der gibt zu erkennen, daß er gerade etwas Nicht-Symbolisches, etwas nur Abbildhaftes, Unwirkliches meint, das sich von wirklichen Handlungen oder Tatbeständen unverkennbar unterscheidet. Mit einem Symbol hat dergleichen jedoch nichts gemein. Um zu sagen, was auch auf eine andere Weise, etwa in Gestalt einer Beschreibung oder einer Definition ausgedrückt werden könnte, sollte man daher auf die Verwendung der Vokabel «Symbol» verzichten. Ein echtes Symbol ist sodann nicht nur in dem Sinne «wirklich», in dem es der sinnenfällige Gegenstand ist, der als Symbolträger gerade dient. Ein Symbol ist *qualitativ* mehr; es verfügt über eine größere Intensität und hat an einem ungleich größeren Umfang an Wirklichkeit teil. Anders ausgedrückt: Indem das Symbol über das Sinnenfällige hinausweist, repräsentiert es Wirklichkeit. Es geht also nicht nur um eine begrifflich definierbare «Bedeutung».

Zum Wesensmerkmal des Symbols gehört es ja gerade, daß sein Bedeutungsumfang gedanklich-begrifflich gar nicht auszumessen ist.
Symbole sind daher überhaupt nicht ein-deutig. Einerseits repräsentieren sie Mehrdimensionalität, Fülle des Seins, Ganzheit, Wirklichkeit, die auch und vor allem transzendente Dimensionen einbezieht; andererseits wollen sie eine Kommunikation mit dem symbolisch ausgedrückten Sinngehalt herbeiführen. Ein solches Symbol steht für eine Wirklichkeit, für eine Dimension der Wirklichkeit, für eine Situation und Grundbefindlichkeit des Menschen.
Als Existierender, Angeredeter, Betroffener wird der Mensch symbolischer Wirklichkeit inne. Es wird ihm in der Sprache des wirkenden Symbols etwas gesagt, was durch die Gedankensprache nicht annähernd umfassend, die jeweilige Qualität, Kategorie oder Dimension treffend ausgedrückt werden könnte. Symbole sind überhaupt nicht dazu da, definiert oder analysiert zu werden. Sie appellieren vielmehr an die *Erlebnis*kraft und an die Kommunikationsfähigkeit des Menschen. Das heißt: Es kommt wesentlich darauf an, daß und was in der Begegnung mit einem Symbol *erlebt* wird.
In diesem Zusammenhang ist auch die Frage nach der Verständlichkeit symbolischer Manifestation zu berühren. Sie ist jedoch nicht eine so wesentliche Frage, wie sie für den an Symbolkenntnis Interessierten zu sein scheint. Wilhelm Stählin, in dessen Theologie die Beachtung des Symbolischen einen vorrangigen Platz einnimmt, schreibt hierzu: «Die wesentliche Frage ist nicht die Frage nach der Verständlichkeit, sondern die Frage nach der *Kraft* jener Zeichen und Symbole, die in den Tiefenräumen der menschlichen Seele besimmte Wirkungen hervorrufen. Denn diese Zeichen haben eine unheimliche Eigenmächtigkeit, die relativ unabhängig ist davon, wie weit sie ‹verstanden› werden. Nicht alles, bei dem wir uns ‹nichts denken›, ist ungefährlich; und nicht alles, bei dem wir uns ‹nichts den-

ken können›, bleibt unfruchtbar... Es gibt eine magische Mächtigkeit des Wortes, und es gibt eine magische, das heißt überrationale Mächtigkeit von Symbolen. Diese Mächtigkeit überschreitet die Grenzen unseres rationalen Verstehens. Darum ist die Frage nach den Zeichen und Symbolen nicht primär eine psychologische oder pädagogische Frage, sondern eine Frage darnach, welche Wirklichkeiten, heilsame oder verderbliche Wirklichkeiten, hier Tiefenräume unserer Seele berühren.»[59] – Anzumerken ist nur, daß Stählin unter «Zeichen» hier solche auf Wirklichkeit hinzeigende, sie aktualisierende Ausdrucksmittel meint und nicht nur eindeutige Zeichen, wie wir sie im alltäglichen Leben, im Straßenverkehr, an Apparaturen u.ä. verwenden. Und was die angeschnittene «psychologische Frage» betrifft, die in dieser Wesensbestimmung von zweitrangiger Rolle sein solle, so wird Stählin eine Psychologie im Auge gehabt haben, die sich im vornherein gegenüber jener Dimension der Wirklichkeit verschließt oder ihr gleichgültig gegenübersteht, auf die es beim Symbol in entscheidender Weise ankommt. Doch das macht bereits der Stählinsche Kontext klar.

Nun liegt es auf der Hand, daß und warum die Tiefenpsychologie dem Zeichenhaften, dem Symbolischen von Anfang an die allergrößte Aufmerksamkeit geschenkt hat. Symbole treten ja nicht nur von außen an den Menschen heran. Sie tauchen, wie gesagt, aus den Tiefen der menschlichen Psyche hervor, womit noch nichts über die «Herkunft» und «Autorschaft» dieser Symbole gesagt sein soll, um auch hier dem wenig hilfreichen Argument, es sei von einem «Nurpsychischen» die Rede, aus dem Weg zu gehen. Tatsache ist zunächst einmal, daß das Unbewußte die erstaunlichsten Bildkompositionen hervorbringt und daß es oft die erstaunlichsten Dramen inszeniert. Sofern es sich nicht allein um die Nachbearbeitung von Tagesbegebenheiten (z.B. Tagesrestträume) und ähnliche Widerspiegelungen eines zuvor Erlebten handelt, liefert uns unser Traumleben immer neue Belege für die symbolschaffende Kraft der Seele. Der Träumende ist Regisseur, Darsteller, Ort der Handlung und Zuschauer in einer Person.

Damit ist es aber nicht genug. Als Zeichen, die für eine Wirklichkeit stehen, die auf etwas hindeuten und die eine Botschaft zu übermitteln haben, wollen die Symbole – innere wie äußere – auch gedeutet und bis in die alltäglichen Lebensvollzüge hinein be-griffen werden. Eine nur reduktiv arbeitende Psychologie wird ihre Aufgabe, Anleitung zu geben zum lebendigen Ergreifen des im Symbol aufgehobenen Geistes- und Lebensgutes, kaum zu erfüllen vermögen. Wie wird nun die Symboldeutung der Analytischen Psychologie dieser Aufgabe unter dem religionspsychologischen Blickpunkt gerecht?

Jung weist darauf hin, daß Symbole des kollektiven Unbewußten – um solche handelt es sich im religiösen Leben vorwiegend – sich nur dann «erschließen», wenn sie einer synthetischen Behandlung zugeführt werden. Auch hier widersetzt er sich einer bloß analysierenden Deutungsmethode, die ein Symbol wie eindeutige Begriffe behandelt. Synthetische Behandlung besagt an dieser Stelle: Ein Symbolzeichen wird in einen größeren Zusammenhang hineingestellt. Sie meint also buchstäblich ein Zusammenfügen des jeweils vorgegebenen mit anderen inhaltlich gleichgerichteten Symbolformen. Alle Aufmerksamkeit ist darauf gerichtet, was angesichts eines solchen Symbols sodann angesichts einer Zusammenschau (Synopse) erlebt werden kann. «Durch analytische Reduktion auf ein allgemein Bekanntes vernichten wir den eigentlichen Wert des Symboles. Es entspricht aber seinem Wert und Sinn, wenn wir ihm eine hermeneutische Deutung angedeihen lassen», heißt es in einer frühen Arbeit aus dem Jahre 1916.[60]

Dabei gilt es das betreffende Ausgangssymbol zu erweitern, indem man es auf die bezeichnete Weise anreichert. Letztlich wird eine «Synthese des Individuums mit der Kollektivpsyche» hergestellt. Das entspricht einer Bewußtseinser-

weiterung im Sinne einer Intensivierung und einer Lebensbereicherung überhaupt. Man denke etwa an bedeutsame, das heißt eindrucksvolle und inhaltsreiche Träume, deren Verständnis eine derartige Erweiterung des Bewußtseinshorizontes herbeizuführen vermag. Jung fährt an der bezeichneten Stelle fort: «Und eben darauf kommt es in der praktischen Behandlung an, nämlich daß die Menschen zu ihrem Leben kommen, und nicht, daß die Prinzipien ihres Lebens rationalistisch beweisbar oder ‹richtig› seien.»
Um ein Mißverständnis zu vermeiden, wird man hinzufügen sollen, daß mit «praktischer Behandlung» nicht etwa irgendein Eingriff des Psychologen oder des Psychotherapeuten gemeint sein kann. Seine Mitwirkung zielt ja gerade darauf hin, die Eigenaktivität des Analysanden in Gang zu bringen, damit dieser selbst ergreife und sich selbst als ein Ergriffener erlebe, um dann aufgrund seiner Selbsterfahrung sein Leben zu gestalten. Für die therapeutische Arbeit fügt deshalb C. G. Jung hinzu: «Ohne die restlose Bereitwilligkeit und absolute Ernsthaftigkeit des Patienten kommt keine Heilung zustande. Es gibt keine magischen Neurosenheilungen. Im Momente, wo wir anfangen, die symbolisch vorgezeichneten Wege auszuarbeiten, hat der Patient sie auch zu beschreiten. Drückt er sich betrügerisch darum herum, so ist der Heilerfolg ausgeschlossen. Er hat das, was er als seine individuelle Lebenslinie gesehen und anerkannt hat, auch wahrhaft zu leben und zwar solang, bis eine deutliche Reaktion seines Unbewußten vorliegt, welche zeigt, daß er anfängt, in guten Treuen einen falschen Weg zu gehen.»[61]
Auf die religiöse Lebenspraxis angewandt, läßt sich zeigen, daß auch hier eine «synthetische Behandlung» von Symbolgehalten weiterführt. Wir gehen dabei von jenen Gehalten aus, wie sie in der Form von Sinnzeichen des Glaubens, in künstlerischen Darstellungen, in religiösen Texten oder Handlungen u. ä. aufbewahrt sind. Es gilt der auf dem religiösen Gebiet ohnehin schon weit fortgeschrittenen

Rationalisierung Einhalt zu gebieten, um jene lebendige Wechselbeziehung zur menschlichen Seele erneut herzustellen, die einst zwischen dem wirkenden Symbol und der Psyche bestand, in deren Matrix der göttliche Logos einst empfangen worden ist. Allzu rasch wird heute bei der Konfrontation mit symbolischen Ausdrucksformen nach der theologischen «Bedeutsamkeit» eines Phänomens gefragt, die sich dann durch einige «daß»-Sätze definieren läßt bzw. definieren lassen soll. Offensichtlich kommt dabei eben jene reduktive Methode in Anwendung – und zwar in der Regel unbewußt –, die wir von der Freudschen Psychoanalyse her kennen. Ziehen wir beispielsweise das Symbolzeichen des Kreuzes heran. Es wird hinsichtlich seiner Wesensbestimmung einer Reduktion und Abstraktion unterzogen, wenn es etwa heißt: Durch das Kreuz von Golgatha wird mir gesagt, daß Christus für mich gestorben ist. – Die theologische Richtigkeit und Berechtigung solcher und ähnlicher Sätze steht natürlich außer Zweifel. Es soll auch gar nicht geleugnet werden, daß die existentielle Note in den Wendungen «es wird *mir* gesagt» bzw. «*für mich* gestorben» eine unaufgebbare Dimension der christlichen Botschaft bezeichnet. Was die Jungsche Psychologie in Erinnerung ruft und worauf sie hinweist, ist das Phänomen selbst und damit das, was sich anschaubar, anhörbar, der Kommunion und der Kommunikation fähig manifestiert, also auch das, was sich im Symbol jeglicher Art zeigt. Bevor der theologisch-rationale Zugriff erfolgt – auch er ist berechtigt! –, soll das Symbol als solches wirken können, etwa so wie ein Kunstwerk auf den Beschauer zu wirken vermag, und zwar bevor er kritische Maßstäbe anlegt, bevor er kunsthistorische, ästhetische Kriterien usw. zur Geltung bringt.

Symbole wollen zunächst einmal angeschaut werden. Jeder weiß, daß im Zeitalter der Bilderinflation der Blick für das Urbildliche keine Selbstverständlichkeit ist, sofern das Vermögen, im Phänomen das Urphänomen zu erblicken, eine Selbstverständlichkeit sein kann.[62]

Hier bietet sich die Möglichkeit des meditativen Umgangs mit den Bildgehalten an, soweit diese von außen an den Menschen herantreten, etwa in der Gestalt der genannten traditionellen Symbole und Gestaltungen. Aber auch die Hervorbringungen des eigenen Unbewußten, vor allem jene, die aus der Berührung mit kollektiven Gehalten stammen, wollen meditativ-betrachtend angeschaut werden. Ein «psychologisches» Dazwischenreden und Ausdeutenwollen wäre eher hinderlich. Eine analysierende Zergliederung des betreffenden Materials würde ohnehin so wenig widerstandsfähige Gebilde wie die des Traumlebens zerstören. Die Botschaft, die aus dem Unbewußten emporsteigen wollte, würde wieder dorthin zurücksinken und ginge verloren.

Die Forderung nach einer synthetischen Beschäftigung mit dem Symbolischen gibt unter Umständen den Blick frei für den spirituellen Prozeß selbst, in dessen Verlauf das Wort der göttlichen Offenbarung in den Tiefen der menschlichen Seele einst empfangen worden ist und immer wieder neu empfangen werden kann. Wir wollen an dieser Stelle von der synthetisch-symbolisierenden Funktion der Psyche sprechen. Um uns den gemeinten Vorgang veranschaulichen zu können, wenden wir uns einem Abschnitt aus dem Neuen Testament zu, wo sich entsprechende Andeutungen für das finden, was Apostel und Evangelisten an inneren Erfahrungen durchgemacht haben müssen und woran die Träger der sogenannten Gemeindetradition auf ihre Weise lebendigen Anteil genommen haben werden.

Der Evangelist Lukas erzählt die Weihnachtsgeschichte von der Geburt Jesu im Stall von Bethlehem (Luk. 2), von der Lichterscheinung der Engel, vom Erlebnis der Hirten draußen auf den nächtlichen Fluren und drinnen bei der Verehrung des Kindes. Ehe aber davon gesprochen wird, wie die Hirten in ihren Alltag zurückkehren, fügt der Evangelist eine bemerkenswerte Notiz ein, die Maria, die Mutter des Neugeborenen, betrifft. In der Verdeutschung Martin

Luthers lautet die Stelle: «Maria aber behielt alle diese Worte und bewegte sie in ihrem Herzen» (Luk. 2,19).
Diese Übersetzung verhüllt einen Vorgang, der durch den griechischen Urtext transparent gemacht worden ist. «Behalten», griech. syntereo, heißt wörtlich «zusammenhalten» im Sinne von bewahren; und für «im Herzen bewegen» steht griech. symballousa, was «zusammenfügen» bedeutet. Damit begegnen wir dem griechischen Verb symballein in seiner Grundbedeutung. Es ist jenes Zeitwort, nach dem das Wort «Symbol» gebildet ist. Die fragliche Stelle muß in der Übersetzung daher lauten: «Maria aber bewahrte alle diese Worte, indem sie sie in ihrem Herzen *zusammenfügte*.»
Die Fülle der «Worte» jener Engelsbotschaft, die Maria aus dem Mund der Hirten gehört hat, versucht die Mutter Jesu «zusammenzuhalten, aufzubewahren», und in ihrem Herzen fügt sie zusammen, was ihr widerfahren ist, nämlich die äußeren Begebenheiten ihres Lebens, der Geburt ihres ersten Kindes, und innere Sinnbezüge. Maria tut Schritte auf dem Weg einer inneren Entwicklung. Die einzelnen Abschnitte auf diesem Weg fügen sich für sie zu einem Ganzen zusammen. In der unscheinbaren Existenz der jungen Frau und durch den Widerspruch hindurch, der sich in den räumlichen und zeitlichen Umständen der Geburtsereignisse widerspiegelt, vermag sie Gottes Führung zu erkennen. Knapper und deutlicher, deutender könnte der Vorgang «im Herzen» der Maria kaum geschildert werden, als es der Evangelist hier getan hat.
Etwaige Einsprüche, wie sie von der Literarkritik im Blick auf die Problematik der historischen Authentizität des Berichteten erhoben werden könnten, lassen sich mit dem Hinweis abwehren, daß es uns nicht darum geht, die Psyche der Maria von Nazareth zu analysieren. Lukas gibt durch seine gesamte Darstellung zu erkennen, daß er in dieser Gestalt viel mehr als eine zufällige historische Person sieht, deren Biographie im Evangelium noch dürftiger aus-

fällt als die Jesu. Offensichtlich ist es bereits dem Evangelisten darum zu tun, einen ganz bestimmten Typus der Heilsgeschichte des israelitischen Gottesvolks in den Mittelpunkt der Weihnachtsgeschichte zu rücken, nämlich das Urbild der Tochter Zion und damit der Mutter einer neuen Menschheit: «Ist in Maria die Tochter Zion, in ihrem Kinde aber der zweite Adam repräsentiert, so heißt das: Aus der Tochter Zion kommt die neue Menschheit; die Tochter Zion wird durch Maria, die dem Bundesgott treue Jungfrau, vertreten, ihr Sohn aber schafft die Menschen neu. Die Gemeinde ist die Mutter des Messias, und die Gemeinde ist sein Werk. Die Linie von diesem lukanischen Maria-Zion-Zusammenhang zu der Stellung, die Maria im Johannes-Evangelium hat, und zu Offenbarung 12 läßt sich dann ohne jede Schwierigkeit ausziehen.»[63] Sodann sagt der Bericht des Lukas auch etwas über den Berichterstatter und über seine Beziehung zu dem Christusereignis aus, also etwas darüber, wie der symbolisierende Impuls ihn selbst ergriffen hat, als er sich gemäß Luk. 1,1 entschloß, «in rechter Ordnung Bericht zu geben». Nicht zufällig hat die mittelalterliche Tradition in dem dritten Evangelisten einen Maler sehen wollen, der ein künstlerisch durchkomponiertes Gemälde geschaffen hat.

Ein anderer, nicht weniger wichtiger Aspekt ergibt sich, wenn wir in Maria eine heute und hier wirksame Symbolfigur zu erkennen trachten, eine Symbolfigur in dem ursprünglichen Wortsinne. Denn in der in ihrem Herzen bewahrenden, mit ihrem Herzen zusammenfügenden Maria sehen wir eine Seelenhaltung verkörpert, auf die C. G. Jung hinweist, wenn er von einer «synthetischen Behandlung» symbolischer Wirklichkeit spricht. Dieses Bewahren und dieses Zusammenfügen, für das das Evangelium einen literarischen Niederschlag darstellt, ist jedenfalls nicht mit einem Gedächtnisvorgang, auch nicht mit der Technik äußerer Geschichtsschreibung gleichzusetzen, bei der es lediglich auf Quellenscheidung und um möglichst zuverlässige Schilderung von Ereigniszusammenhängen ankommt. Wir haben es vielmehr mit einem spezifischen Seelenvorgang zu tun, wie wir ihn von der Meditation her kennen. Äußere Sinnzeichen, Handlungen, geschichtliche Ereignisse, auch Begriffe werden in die «Innerung» hineingenommen. Der Meditierende analysiert nicht, sondern er *fügt* die Vielheit zu einem einzigen Bild *zusammen*. Auf ihm ruht sein Blick. Dieses Zusammenhalten aber bewirkt keinen Stillstand, sondern eine innere Bewegung. Meditation bringt einen Prozeß in Gang. Er, der Meditierende, wird selbst in einen Prozeß der Ganzwerdung hineingenommen, aus dem er verändert hervorgeht. Er erfährt das Symbol als einen Vorgang des «Zusammengefügtwerdens». Neue Dimensionen der Wirklichkeit tun sich ihm auf. Damit ist etwas qualitativ anderes gemeint als ein Verstehen, das sich auf rationale Analyse allein stützt.

Adolf Schlatter mag dergleichen geahnt haben, als er in seinem Lukas-Kommentar zu unserer Stelle schrieb: «‹Verstehen› deckt sich nicht ganz mit diesem ‹Zusammenlegen, Zusammenbringen, Verbinden›. Dazu fordert Rätselhaftes auf, und wenn es gelingt, es ‹zusammenzulegen›, ist verhindert, daß aus dem Rätsel ein Widerspruch gegen das sonst Gültige werde; dann schließt es sich einheitlich an das Erkannte an. Lukas sagt, Maria habe in der rätselhaften Verhüllung und Offenbarung des Christus das weise geordnete Mittel zur Erfüllung seiner Sendung erkannt.»[64] Von entscheidender Bedeutung aber ist, daß ein solcher theologischer Befund seine religionspsychologische Klärung erfährt und schließlich meditativ erprobt wird.

Wie fruchtbar die Forderung einer synthetisch-synoptischen Beschäftigung mit dem Symbolischen für die Bibelauslegung werden kann, mag ferner daran zu ersehen sein, daß heilige Schriften, so auch das Alte und das Neue Testament, ganz bestimmte kompositionelle Figuren aufweisen, die einstmals das «bibelstiftende Bewußtsein», wie es Martin Buber einmal nennt, aus einer Fülle von Einzeldaten und Überlieferungsinhalten jene Ganzheit herausplastiziert hat, die heute vor uns steht, wenn wir das Buch der Bücher meditativ betrachtend auf uns wirken lassen. An dieser Stelle begegnen sich Analytische Psychologie und jene Theologie, die sich anschickt, die Tiefendimensionen der biblischen Botschaft ernst zu nehmen.

### *e) Archetypus und archetypische Wirklichkeit*

Sind wir bei der Besprechung des Symbols einer Manifestation begegnet, die so sehr den existierenden Menschen angeht, daß Theologie und Psychologie in gleich hohem Maße mit ihr beschäftigt sind, so trifft das – zumindest der Sache nach – für den Archetypus in gleicher Weise zu. Sehen wir das Symbol dadurch qualifiziert, daß sich in ihm eine Wirklichkeit oder doch eine verborgene Dimension der Wirklichkeit kundgibt, die sich nur und gerade in symbolischer Gestalt zu inkarnieren vermag, so stellt sich schließlich auch die Frage nach dem geheimen Grund dessen, was wir symbolische Wirklichkeit nennen und wodurch eine sinnenhafte Erscheinung zum Träger eines Übersinnlichen, Symbolischen werden kann. Wir haben uns des Terminus «Dimension» bedient, um an der Einheit der *einen* Wirklichkeit festzuhalten und lediglich ein Transzendieren *innerhalb* dieser Einheit der Wirklichkeit gelten zu lassen. Die Problematik eines etwaigen Jenseits oder einer jenseitigen Wirklichkeit kann daher in unserem Zusammenhang unerörtert bleiben.
Das Problem, das sich uns mit der Frage nach der Basis oder nach der dynamischen Grundlage des Symbolischen stellt, läßt sich in folgendem sehen: Das, was im Symbol sichtbar, anschaubar ist, entzieht sich selbst der Anschauung. Das Erscheinende manifestiert sich nicht anders als durch den sinnenfälligen Symbolträger. Dieser repräsentiert und aktualisiert zwar etwas Unanschauliches, und doch darf das

am Symbol Wahrzunehmende nicht bereits mit dem Unanschaulichen gleichgesetzt werden. Wir stehen demnach vor einem ganz ähnlichen Problem wie in dem vorausgegangenen Kapitel, in dem wir uns über das Verhältnis von Psyche und Offenbarung Klarheit zu verschaffen suchten: In dem Moment, in dem Geoffenbartes vom Menschen wahrgenommen und empfangen wird und in dem bestimmte Aussagen über religiöse Wirklichkeit gemacht werden, ist bereits die Psyche im Spiel. Denn sie ist es ja stets, die es zur Wahrnehmung kommen läßt; ohne sie ist eine göttliche Anrede gar nicht möglich; Rede von Gott (im weitesten Sinne des Wortes) setzt immer eine entsprechende Funktion der Psyche voraus. Anders ist eine Kundgabe Gottes nicht einmal denkbar. Ein derartiger Hinweis gründet nicht etwa in hybrider Selbstvermessenheit, sondern kann sich auf den Doppelaspekt von göttlicher Uroffenbarung und auf die Inkarnation Gottes in Jesus Christus berufen. In der Uroffenbarung ist ahnungsvolles Wissen auf alle Geschöpflichkeit ausgegossen; «denn auch sie, die Kreatur, soll befreit werden von der Sklaverei der Vergänglichkeit zur herrlichen Freiheit der Kinder Gottes. Denn wir wissen, daß die ganze Kreatur zusammen seufzt und in Wehen liegt bis heute...» schreibt der Apostel Paulus Röm. 8, 21 f. So ist diese Hoffnung auf Erlösung, auf Heilwerdung und Ganzwerdung aller Schöpfung mitgeteilt; und es steht dem Menschen nicht an, nur allein auf seine eigene Errettung zu sinnen. Die «Einsetzung in die Sohnschaft» gleicht einem schmerzhaften und langwierigen Geburtsvorgang.

Nimmt sich dergleichen aus wie ein theologisches Postulat oder wie eine durch nichts zu beweisende, kaum abzustützende Hypothese, so liefert die Jungsche Psychologie auch hierzu Erkenntnishilfen, indem sie Selbsterfahrung, die Beobachtungsresultate an Gesunden und Kranken, schließlich die Bildgehalte aus dem unerschöpflich anmutenden Schatz der geistig-religiösen Traditionen der Völker zusammenschaut und nach den Grundstrukturen menschlicher Lebensgestaltung überhaupt forscht. Damit stoßen wir auf die viele Fragen aufwerfende Mitte der Analytischen Psychologie schlechthin, nämlich auf das Feld des kollektiven Unbewußten mit der archetypischen Bildwelt, wobei «Bild» hier mehr das Bildende als das Abgebildete meint.

In der Fülle der Erscheinungsformen symbolischer Gehalte und numinoser, das heißt den Menschen zutiefst ergreifender Bilder lassen sich geistige Urbilder erkennen oder doch ahnen, die nicht nur Bedeutungen haben, sondern von denen in erster Linie Wirkungen ausgehen, zum Beispiel richtungweisende Anstöße, norm- und formgebende Kräfte, Impulse zur Wesenswandlung und dergleichen mehr. In derartigen Urbildern, die in mancher Hinsicht den platonischen Ideen vergleichbar sind, hat Jung psychische Dominanten gesehen, und im Verlaufe einer über einige Jahrzehnte sich erstreckenden Forschung hat er schließlich den Terminus «Archetypus» gewählt.[65]

Ähnlich wie schon beim Symbol läßt sich auch hier eine exakte Begriffsbestimmung nicht geben. Da er sich der rationalen Erfassung entzieht, den Versuchen einer analytischen Klärung widersteht, finden sich in den einschlägigen Arbeiten Jungs (z.B. in: Von den Wurzeln des Bewußtseins, Symbolik des Geistes, und andernorts) nur annähernde Umschreibungen. Demnach gelten Archetypen als «Faktoren und Motive, welche psychische Elemente zu gewissen (als archetypisch zu bezeichnenden) Bildern *anordnen,* und zwar in einer Art und Weise, die immer erst aus dem Effekt erkannt werden kann. Sie sind vorbewußt vorhanden und bilden vermutlich die Strukturdominanten der Psyche überhaupt... Als Bedingungen a priori stellen die Archetypen den psychischen Spezialfall des dem Biologen vertrauten ‹pattern of behaviour› dar, welches allen Lebewesen ihre spezifische Art verleiht. Wie die Manifestationen dieses biologischen Grundplanes sich im Laufe der Entwicklung ändern können, so auch die des Archetypus. Empirisch gesehen ist aber der Archetypus innerhalb der Reichweite organischen Lebens überhaupt nie entstanden. Er tritt mit dem Leben auf den Plan.»[66] Er ist also nicht erdacht oder erklügelt, daher auch rational nicht umfaßbar; er ist überindividueller Natur, jedoch auf das Menschsein und auf die immer noch zur Verwirklichung des Menschen hindrängende Tendenz bezogen. Schon von daher betrachtet, läßt sich der Archetypus nicht auf ein statisches, in seinen Konturen deutlich umreißbares Bild beschränken, da er wesentlich dynamischer Natur ist.

So schwer faßbar der Archetypus in seinen verschiedenen Aspekten sein mag, so wichtig ist die Unterscheidung hinsichtlich dessen, was an unserem «Gegenstand» bewußtseinsfähig ist und was bewußtseinstranszendent bleibt, folglich hypothetischer Art ist, die der Empirie verschlossen bleibt, wiewohl die Wirkung des Archetypischen die Grenzen des menschlichen Bewußtseins überschreitet. Jung unterscheidet demzufolge den Archetypus an sich, der unanschaulich bleibt, von dem archetypischen (oder urtümlichen) Bild, das bereits in gestalteter, folglich auch näher bestimmbarer, ein bestimmtes Motiv darstellender Form ins Bewußtsein tritt. (Von dem Engramm-Charakter des Archetypus, das heißt von seiner physisch-psychischen Verknüpfung sehen wir der Einfachheit halber hier ebenso ab wie von einer eingehenden Beschreibung der Jungschen Forschungsergebnisse.) Exakterweise kann demnach nur von *archetypischen Bildern* gesprochen werden, die in der eigenen Psyche auftauchen oder die sich in symbolischer Gestalt in der religiösen Überlieferung der Völker, so auch im Christentum vorfinden. Zur Analogie läßt sich nur sagen: Der Archetypus verhält sich zum archetypischen Bild wie der Prägestempel zum geprägten Stempelabdruck.

Der zentrale, größtmögliche Ganzheit verbürgende Archetypus ist nach den Darstellungen Jungs *das Selbst,* in dem bewußte und unbewußte Persönlichkeitsanteile zu einer Ganzheit vereinigt sind. Und für die westliche Menschheit ist Christus der Inbegriff des menschlichen Selbst. Das Wissen oder auch nur die hypothetische Annahme der Existenz des Selbst ist eine Hilfe für das erlebende Verstehen alles dessen, was Christus für den Menschen ist und tut. Sein Sein läßt sich eben nicht mit dem historischen Jesus von Nazareth voll in Deckung bringen. Die Bedeutung der historischen Gestalt dieses Mannes liegt gewiß darin, daß sich die Christuserscheinung in einem realen in Raum und Zeit vollzogenen Geschichtsereignis ausdrückt. Doch die Epiphanie, die Gottes- und Christuserscheinung – sie ist allein im Glauben bzw. auf dem Wege religiöser Erfahrung zu erfassen –, ist (qualitativ) mehr als das dokumentarisch bezeugte Auftreten des Mannes aus Nazareth. Hätten wir noch eine ungebrochene Beziehung zum Dogma der Kirche, dann genügte uns das Wissen: Jesus Christus ist nicht allein «wahrer Mensch»; er ist auch «wahrhaftiger Gott vom Vater in Ewigkeit geboren», wie es in Luthers Kleinem Katechismus bei der Auslegung des zweiten Glaubensartikels wörtlich heißt.

Jungs Archetypenlehre und die Kenntnis des kollektiven Unbewußten lenkt den Blick auf das im Dogma aufgehobene spirituelle Gut hin, indem dadurch die «göttliche Natur» Christi innerhalb der sogenannten Zwei-Naturen-Lehre der Kirche aufs neue in unseren Gesichtskreis tritt. Umgekehrt läßt sich sagen: Die dem heutigen Bewußtsein in mancher Hinsicht fremd oder unzugänglich gewordene Zwei-Naturen-Lehre der kirchlichen Christologie wird nicht etwa dadurch vertrauter, daß man sie lediglich wiederholt oder künstlich zu restaurieren sucht. Das in ihr Enthaltene, nämlich die die historische Gestalt des Jesus von Nazareth übersteigende Christuswirklichkeit wird von der Erfahrungsseite archetypischer Wirklichkeit her aufs neue wesentlich, indem der existentielle Bezug zwischen Christus und dem Selbst des Menschen einsichtig gemacht wird.

Ein wesentlicher Unterschied zur kirchlichen Glaubensaussage liegt wohl darin, daß Christus für den psychologischen Betrachter nicht ein «von außen» angeschauter, «in tau-

send Bildern» nachgestalteter, als Kultgott angebeteter Gottmensch ist, sondern eine innerlich erfahrbare Wirklichkeit, die freilich das Ich des individuellen Menschen in der angedeuteten Weise bei weitem übersteigt. Was dem Paulus und vielen anderen als Christusbegegnung spontan widerfahren ist, das bleibt nicht ein singuläres Geschichtsereignis, durch einen «garstigen Graben» vom heute und hier lebenden Menschen getrennt, sondern wir werden auf überraschende Weise mit demselben Christus «gleichzeitig» (S. Kierkegaard). In der Selbst-Erfahrung liegt der «Ort», an dem sich diese Begegnung Mal um Mal ereignen kann. Wenn wir es vermeiden, in diesem Augenblick Selbst-Erfahrung mit Christus-Erfahrung ohne weiteres gleichzusetzen, dann nicht zuletzt weil der Christus des Neuen Testaments als «das Ebenbild der Gottheit» (Kol. 1) auch noch die Urbildlichkeit des Menschen überragt, indem er die Fülle des Kosmos (Pleroma) umspannt und so zum Makroanthropos und Pantokrator (Allherrscher) wird.
Bleiben wir im Rahmen unserer Fragestellung bei den neutestamentlichen Zeugnissen, dann haben die Evangelienberichte psychologisch gesehen eine unmittelbare Beziehung zu dem Bibelleser und zum Hörer des Wortes. Die archetypische Struktur des Wegs Christi, der nicht mit einer äußeren Jesus-Biographie verwechselt werden soll, korrespondiert mit dem Weg des Menschen. Christus als der Archetypus des wahren Menschen ist – mit Paulus zu reden – der zweite Adam und der neue Mensch, der das heillos zerbrochene Menschenbild aufrichtet. Und das, was von diesem Christus als dem Repräsentanten und Überbringer des wahren Selbst gesagt werden kann, seine Inkarnation, seine Passion, seine Auferstehung und Erhöhung bis hin zur «Hochzeit des Lammes» auf höchster eschatologischer Ebene, das kann als die Entfaltung eines ungemein differenzierten archetypischen Grundmusters im Sinne eines heilenden Bildes verstanden werden. (Vgl. auch das im Abschnitt über die tiefenpsychologische Bibelauslegung Gesagte!)

Entsprechendes gilt von rituellen Vollzügen, worauf Jung wiederholt aufmerksam gemacht hat, etwa beim christlichen Altarsakrament der Eucharistie (Hl. Abendmahl). Die Einsicht in die archetypische Grundstruktur dieses Sakraments führt über bisherige Positionen hinaus: Einmal erübrigt es sich, an eine atavistische Kultusmagie zu glauben, bei der eine mirakulöse Handlung durch einen Wundermann, sei es Jesus oder ein heutiger Priester, vollzogen wird; auf der anderen Seite ist der Mitfeiernde oder der den Meßkanon Meditierende nicht dazu genötigt, die heilige Handlung zu entsakralisieren, indem er sie auf ein paar theologische Bedeutsamkeiten reduziert oder nur noch die soziale Komponente des gemeinsamen Lebens gelten läßt.

Sprach Jung davon, daß der Archetypus mit dem Leben überhaupt gegeben sei, dann sind nochmals zwei Aspekte voneinander zu unterscheiden, nämlich einerseits ein äußerlich biologischer Aspekt des Archetypus bzw. der archetypischen Bildformen, der bzw. die als physiologische Impulse in den Instinkten, vor allem in den konstanten, artgebundenen Verhaltensmustern von Lebewesen nachzuweisen sind, – andererseits ein innerer Aspekt. Der äußere, biologische Aspekt des Archetypus manifestiert sich beispielsweise darin, daß eine Tierart auf eine ihr eigentümliche Weise Brutpflege treibt, daß Fischarten in bestimmter Weise laichen, Vögel auf eine festgelegte Weise nisten, die Spinne ihr Netz baut usw. Dieser Aspekt ist verständlicherweise in erster Linie für die wissenschaftliche Psychologie und Biologie von Bedeutung. Im religiösen Bereich kommt vornehmlich der innere, im Raum der subjektiven Psyche anschaubare Aspekt des Archetypus zur Geltung. Denn: «Hier erweist sich der Archetypus als numinos, d.h. als Erlebnis von fundamentaler Bedeutung. Wenn er sich in entsprechende Symbole kleidet, was nicht immer der Fall ist, dann versetzt er das Subjekt in den Zustand der Ergriffenheit, deren Folgen unabsehbar sein können. Hierin liegt der Grund, warum der Archetypus für die Religionspsychologie so wichtig ist: Alle religiösen bzw. metaphysischen Vorstellungen beruhen auf archetypischen Grundlagen...»[67]

Damit ist gesagt, daß das Funktionieren des Archetypus für das religiöse Leben von allergrößter Bedeutung ist. Offenbar stoßen wir damit an die Wurzeln des Religiösen, soweit der betroffene Mensch gemeint ist, vor allem auch dort, wo die Grenzen des Menschlichen in der Ungesichertheit des Ich erfahren werden. Diese Bedeutung der tragenden archetypischen Wirklichkeit wird nicht allein evident, wenn sich Furcht vor den verschiedensten Bedrohungen von außen einstellt, sondern gerade wo fundamentale Angst, existentielle, im Wesen des Menschen selbst begründete Angst um sich greift.[68]

Angesichts dieses Ausgesetztseins sucht der Mensch nach Zuflucht und Bergung, nach Hilfe und Beistand, die von «jenseits» menschlicher Möglichkeiten liegen, auch wenn der Ort, auf dem er sicher stehen kann, gar nicht mit Namen oder Vorstellungen aus der christlichen oder aus der übrigen religiösen Tradition benannt wird. Die Anrufung eines Stärkeren, das Gebet zu Gott, die meditative Wendung zur Mitte, die Innerung – sie stellen – so unterschiedlich sie im einzelnen sein mögen – einen Weg dar, auf dem es zur Begegnung mit dem Archetypus kommt. Das heißt: Der Mensch wird der Unzulänglichkeit seines kleinen, den vielfältigen Bedrohungen ausgesetzten Ich inne. Er sucht dieses sein Ich in die Obhut eines Schutz und Geborgenheit Verleihenden, in den «Arm der Götter» zu stellen. Die großen alt- und neutestamentlichen Worte der Tröstung, die bisweilen vielleicht nur als «fromme Sprüche» oder als schwache «Vertröstungen» abgetan werden, erweisen sich mit einem Mal als Kraftmitteilungen. Der Ruf des in den Grundfesten seines Wesens Erschütterten wird von der Schrift beantwortet:

«Zuflucht ist bei dem alten Gott und unter den ewigen Armen» (5. Mose 33,27).

«Der Höchste ist deine Zuflucht» (Psalm 91,9).
«Aus der Tiefe rufe ich, Herr, zu dir!» (Psalm 130,1)
«Ich will euch trösten, wie einen seine Mutter tröstet» (Jes. 66,13).
«Der Friede Gottes, welcher höher ist als alle Vernunft, der bewahre eure Herzen und Sinne in Christo Jesu» (Phil. 4,7).
Alle diese und ähnliche Kraftworte der Bibel dürfen auch nicht als «fromme Wünsche» mißdeutet oder verharmlost werden. Sie markieren vielmehr die Anschlußpunkte für ein spirituelles Kraftfeld, das Jung im Zusammenhang seiner Erläuterung des Archetypischen mit einem potentiellen Achsensystem verglichen hat. Gemeint sind die anordnenden, Richtung weisenden, die Sinn stiftenden Kräfte. Sie sind insofern «höher als alle Vernunft», als sie die Einstellungen des planenden, kalkulierenden, «hochrechnenden» Bewußtseins qualitativ und kategorial bei weitem übersteigen. Der Archetypus läßt sich daher niemals mit dem in Deckung bringen, was das bewußte Ich an Deutungen oder an Bewertungen zu setzen vermag. In den Bildgestaltungen des Traums werden beispielsweise positiv bewertete Personen, Handlungen oder Zustände zum Schrecken des Träumenden unversehens mit negativen Attributen versehen. Das Unbewußte setzt dadurch Warnsignale, wo das Bewußtsein eine allzu optimistische Einschätzung vorgenommen hat. Andererseits können sich aber auch Winke des Unbewußten einstellen, die in einer aussichtslos anmutenden Lage Lichtblicke eröffnen und wodurch augenscheinlich Negatives unter einem positiven Gesichtspunkt erscheint. In beiden Fällen ist mit den Bekundungen aus dem Unbewußten eine Erkenntnisaufgabe gestellt, wenn die Anrede aus der Tiefe des psychischen Grundes realisiert und dem bewußten Leben integriert werden soll.
Und was die Anrufung, im besonderen das Gebet anbelangt, so ist dieser Umgang mit der Welt der archetypischen Wirklichkeit nicht ohne Folgen, wenngleich ein magisches Mißverständnis vermieden werden muß. Doch die Gebets-

erfahrung sagt: «Der Beter lenkt den Arm der Welt.» Manches deutet darauf hin, daß durch das Gebet und durch die geistliche Übung, zu der auch Verzicht und Leiden – psychologisch: die Ansammlung psychischer Energie – gehören, eine Wechselwirkung zwischen Bewußtsein und den gestaltenden, anordnenden Kräften des Archetypus zustandekommt. Wie aber ist die Wirkung von der Seite des Menschen her möglich? Ist die magische Komponente ganz zu vermeiden?

Der Mystiker kennt die Übung der Gelassenheit, bei der das verkrampfte, auf das Ich mit seinen Triebansprüchen fixierte Willensleben «gelockert» wird und sich für das Kraftfeld des Archetypus öffnet. Ohne hier weiter auf die Abläufe des mystischen Lebens einzugehen, das sich als Ausdruck einer intensiven Wechselbeziehung des Menschen mit den Archetypen verstehen läßt, sei hier wenigstens auf die Vaterunser-Bitte verwiesen: «Dein Wille geschehe». Damit ist weder Passivität gemeint noch Gleichgültigkeit an einer zielvollen Lebensgestaltung. Diese Anrufung an «unseren Vater im Himmel» entspricht vielmehr einer bewußt vollzogenen Willensentscheidung des Beters, der alles Planen, Tun und Hoffen, für das er voll verantwortlich bleibt, in die Hand «*Seines* Willens» legt. Hier ist es in dem «Frieden, der höher ist als alle Vernunft» aufgehoben. Hier waltet Ordnung, Führung; von hier aus erfolgt die Wandlung des Betenden und schließlich die Vollendung. Alles Tun und Lassen bekommt Sinn.

Richten wir an dieser Stelle unseren Blick auf bestimmte archetypische Bilder des Evangeliums, dann steht im Vordergrund Christus selbst, sodann das, was er tut, was er durch sein Tun in Kraft setzt, nämlich das Reich Gottes oder das Reich der Himmel. Es ist das Urbildhaft-Archetypische, das die Evangelisten in dem Mann aus Nazareth erblicken. Und nur vermöge der Transparenzerfahrung, die ihnen die Augen öffnet, um in dem «schlichten Jesus» den Christus Gottes zu erblicken, sind diese «Diener des Wortes» (Luk. 1,1) als Vermittler der frohmachenden Botschaft legitimiert. Die physisch-historische Augenzeugenschaft allein reichte nicht aus. Deshalb steht nicht eine detaillierte Biographie Jesu im Vordergrund ihrer Berichte, sondern der Archetypus Christus, der sich in vielfältiger Weise manifestiert als der *Lehrer* und *Arzt,* als *Hirte* und als die *Tür* zu den Menschen, die der Führung bedürfen (Joh. 10), als *Weg,* als *Wahrheit,* als *Leben* in *Brot* und *Wein,* als *Licht* der Welt, das alle erleuchtet, die an ihn glauben. Vor allem aber ist dieser Christus Jesus der «Menschensohn», der wahre *Mensch.*

Glaube als vertrauensvolle Zuwendung zu Christus ist eben nicht die Verehrung eines vorbildlichen edlen Menschen. Wäre das der Fall, so läge der Verdacht eines über zwei Jahrtausende sich erstreckenden gigantischen Personenkultes vor. Glaube an Christus als das wahre Selbst des Menschen heißt vielmehr, mit der archetypischen Wirksamkeit dessen in Verbindung treten, der der Repräsentant all der genannten archetypischen Bildgehalte *ist* (nicht nur «bedeutet»). Das Wort vom Weinstock, mit dem die fruchtbringenden Reben organisch verbunden sind (Joh. 15), drückt diese spirituelle Tatsache anschaulich aus. Damit ist auch schon auf den zweiten, den dynamischen Aspekt der archetypischen Wirklichkeit hingewiesen. C. G. Jung hat die dynamisch-prozeßhafte Erscheinungsweise der Archetypen hervorgehoben. Denn: «Das Ziel der psychologischen Entwicklung ist, wie das der biologischen, die Selbstverwirklichung, resp. die Individuation. Da der Mensch sich nur als ein Ich kennt, und das Selbst als Totalität unbeschreibbar und ununterscheidbar von einem Gottesbild ist, so bedeutet die Selbstverwirklichung in religiösmetaphysischer Sprache die Inkarnation Gottes. Das ist in der Sohnschaft Christi ausgedrückt. Insofern die Individuation eine heroische oder tragische, d. h. eine schwerste Aufgabe darstellt, bedeutet sie Leiden, eine Passion des Ich, d. h. des empirischen, gewöhnlichen, bisherigen Menschen, dem es zustößt, in einen größeren Umfang aufgenommen und seiner sich frei dünkenden Eigenwilligkeit beraubt zu werden. Er leidet sozusagen an der Vergewaltigung durch das Selbst. (Vgl. dazu Jakobs Kampf mit dem Engel an der Furt.) Dem gegenüber bedeutet die analoge Passion Christi das Leiden Gottes an der Ungerechtigkeit der Welt und der Finsternis des Menschen.»[69]

Aus diesem Blickwinkel betrachtet ist es keine bloße Redensart, wenn gesagt wird, das Leiden Gottes, die Passion Christi sei noch in vollem Gang. Es liegt andererseits eine existentielle Bedeutsamkeit in jeder Vergegenwärtigung des Erdenwegs Christi, der ein Weg der Inkarnation, der Passion und der Christusvollendung ist. Entscheidend ist nur, daß das in Wort und Bild Dargestellte – man denke auch an die einzelnen Stationen des Kreuzwegs, wie sie in Kirchen und an Wallfahrtsstätten «durchschritten» werden – nicht nur äußerliches Bild bleibt. Im Zeitalter der Mündigwerdung des autonomen Menschen, das Rudolf Steiner das Zeitalter der «Bewußtseinsseele» genannt hat, kommt es entscheidend darauf an, daß die Bilder und Symbole mehr und mehr ins Bewußtsein gehoben werden, das heißt, daß man sie in ihrer existentiellen Relevanz auf seinen eigenen Weg bezieht, sie realisiert und den eigenen Kreuzweg seines Schicksals geht. Aus diesem Grund hat Jung das menschliche und das göttliche Leiden als eine Einheit betrachtet; beide «bilden zusammen eine Komplementarität mit kompensierendem Effekt: durch das Symbol kann der Mensch die wirkliche Bedeutung seines Leidens erkennen: er ist auf dem Wege der Verwirklichung seiner Ganzheit, wobei sein Ich infolge der Integration des Unbewußten ins Bewußtsein in den ‹göttlichen› Bereich tritt. Dort nimmt es teil am Leiden Gottes, dessen Ursache die ‹Inkarnation›, d.h. eben jener selbe Vorgang ist, der auf der menschlichen Seite als Individuation erscheint.»[70]

So gesehen fordert das Neue Testament zu einer Interpretation auf, bei der die archetypischen Prozesse des Christuslebens in engster Beziehung zum existierenden Menschen stehen.

So zeigt unsere Betrachtung, wie der Archetypus des Christus-Selbst in mannigfacher Abwandlung als Arzt, Hirte, Weinstock, Licht, Leben usw. Gestalt gewinnt. Und erst dadurch wird der Archetypus des wahren Selbst anschaulich: Gott wird Mensch. Das heilende Tun des Arztes, das Geleit des Hirten, der Lebenszusammenhang des Weinstocks, mit dem sich Christus identifiziert, eröffnet dem Menschen die Begegnung mit ihm als dem wahren Menschen und bewirkt Teilhabe an seinem Heil und Leben.

Oder blicken wir auf eine der bleibenden Grundkräfte des Christlichen, die Hoffnung, die Paulus (I. Kor. 13) zusammen mit Glaube und Liebe aufführt, und sehen wir uns nach einem neutestamentlichen Bildausdruck für die christliche Hoffnung um, dann korrespondiert diese Hoffnung aufs innigste mit dem archetypischen Bild des Reiches, mit dem des anbrechenden *Reiches der Himmel,* wo der Glaube und die die Vereinigung mit Gott bzw. Christus darstellende Liebe wohnt. Sicher liegt dem Bild des Reiches ein mächtiger Archetypus zugrunde. So wenig anschaulich das «Himmelreich» auf den ersten Blick zu schein scheint, so vielseitig sind die Beziehungen dieses Archetypus zu anderen biblischen und nachbiblisch-historischen Zielbildern der Menschheit.

So erscheint das Himmelreich präfiguriert in dem heftig umstrittenen Königtum Gottes im alten Israel. Auf die Menschheit in ihrer Totalität bezogen aber müssen wir daran denken, wie die Bibel ein Urbild und ein Zukunftsbild des Reiches vor uns hinstellt: das Urbild vom Paradies, den Garten Eden am Anfang des Alten Testaments und das Zukunftsbild von der endzeitlichen Gottesstadt. Es ist an anderer Stelle gezeigt worden, wie die Sehnsucht der Menschen nach der Heimkehr in die «hochgebaute» Stadt des neuen Jerusalem sich noch im Negerspiritual unserer Tage widerspiegelt.[71]

Wir wollen noch weniger übersehen, welchen machtvollen Impuls der Archetypus des Reiches sowohl den Sehern und religiös-enthusiastischen Eiferern als auch bei den Utopisten und Ideologen der Neuzeit gegeben hat. Man denke beispielsweise an die Reichserwartung[72] eines Joachim von Fiore[73], an den chiliastischen Eifer der Hussiten und Thomas Müntzers, an die Träumer vom idealen Staat des 17. und des ausgehenden 19. Jahrhunderts bis hin zu der marxistischen Utopie von der klassenlosen Gesellschaft der Gleichen, in der man keine Ausbeutung und keine Selbstentfremdung des Menschen mehr kennen solle. Kein Wunder daher, wenn Ernst Bloch in seinem Hauptwerk «Prinzip Hoffnung» als marxistischer Denker das jüdisch-christliche Hoffnungserbe mit seinen Vorstellungen zusammenschaut und so das archetypische Bildgut vom kommenden Reich als eine unablässig fortwirkende dynamische Potenz ins Bewußtsein hebt.

Wahrlich, ein Archetypus voller Sprengkraft und von einer heute noch gar nicht abzuschätzenden Treibmacht. Schon deshalb kann es sich die Christenheit gar nicht leisten, auf das Motiv des Reiches Gottes in seiner uneinschränkbaren Vieldimensionalität zu verzichten. Ebenso wenig scheint es geraten, die tiefenpsychologische Erkenntnishilfe in den Wind zu schlagen, die die Archetypenlehre Jungs umschließt.

Wir haben vom Selbst als dem für die Menschwerdung des Menschen so maßgebenden Archetypus gesprochen. Dabei gingen wir von der Tatsache aus, daß die archetypische Wirklichkeit in hohem Maße dynamischer, impulsgebender, formgebender Natur ist, die in der Selbstwerdung (Individuation) jenes Grundmuster eines Prozesses findet, das die Reifung und das Voranschreiten zu vollmenschlicher Ganzheit zum Inhalt hat. Das Selbst ist demnach nicht allein ein Bild; es ist ein ereignisreicher Weg zum Ziel, das nicht schon diesseits der Todesgrenze, sondern das offensichtlich erst jenseits davon liegt. Soweit die Individuation als ein Weg und als ein Werden begriffen werden kann, geht es darum, daß so disparate Bezirke wie das Bewußte und das Unbewußte, überhaupt polare Gegensätze in einem Vorgang der Auseinandersetzung und der Vereinigung zu integrieren. So sei noch auf zwei Gegensatzpaare eingegangen, die ihrerseits archetypischer Natur sind und die wesentliche Stationen auf dem Individuationsweg darstellen. Es sind Gegensätze, die in jedem Menschenleben wie auch auf dem Weg der Christusvollendung eine Aufgabe darstellen, ohne deren Bewältigung das Selbst, das heißt die wahre Identität des Menschen nicht gefunden werden kann. Wir sprechen von der Aufgabe, die das *Böse* stellt; und wir meinen zum andern die Begegnung mit dem *Weiblichen,* wie überhaupt die Begegnung mit dem andersgeschlechtlichen Partner in uns und um uns. Davon soll in den beiden folgenden Abschnitten die Rede sein.

### *f) Begegnung mit dem Bösen und Integration des Schattens*

C. G. Jung steht in dem Verdacht, ein zentrales Seins- und Existenzproblem verharmlost zu haben, nämlich das Problem des Bösen, dessen unheimliche Macht und Wirklichkeit den Menschen allerorten umschlingt. Eine solche immer wieder erhobene Unterstellung muß verwundern, wenn man sieht, wie Jung gerade diese Thematik beinahe unablässig in seinen Werken umkreist und wie er auch in den Briefen seinen Fragestellern keine ihm mögliche Antwort schuldig bleibt. So versteht er unter dem Bösen «den schwarzen, ewig wirkenden Feind in der menschlichen Natur und unter ‹Sündenfall› den Ungehorsam des Urmenschen gegenüber Gottes Gebot und sein Abweichen vom Gesetz. Diese Begriffe bezeichnen einfache und erkennbare psychische Situationen, die sich in jedem Menschenleben ständig wiederholen. ‹Sündenfall› z.B. entspricht der Erfahrung, daß jeder Mensch seit allem Anfang vom vorge-

schriebenen Weg abweicht. Immer wieder führen mich böse Kräfte in Versuchung, und ich bin sogar von ihnen besessen (wie Paulus); Sünde mischt sich nolens volens in mein tägliches Brot... Natürlich bin ich nicht imstande – niemand ist es – zu definieren, was das Böse an sich sei.»[74]
Diese Briefstelle aus dem Jahre 1957, der andere an die Seite gestellt werden könnten, unterstreicht, wie sehr das Böse für Jung eine Realität darstellte, die keine Verharmlosung oder begriffliche Verdünnung duldet. Zum anderen ist aber auch darauf hinzuweisen, daß Jung als Psychologe gar kein (wissenschaftliches) Interesse hat, irgendwelche Aussagen über den Gesamtumfang des Bösen, was immer man darunter verstehen mag, zu machen. So ist um der erforderlichen Klarheit willen eine doppelte Unterscheidung zu treffen, nämlich die des archetypisch absolut Bösen «als einen Aspekt der Natur und des hinter ihr stehenden göttlichen Geheimnisses» als eines Abgrundes, vor dem den Menschen ein Schaudern ergreift, wie es Jakob Böhme im Zusammenhang seines erschütternden Erleuchtungserlebnisses von sich berichtet, während eine andere Wesensschicht des Bösen als «ein Stück kulturell zurückgebliebener Minderwertigkeit im Menschen» angesehen werden kann, «ein Stück Tierischheit und Maßlosigkeit, das nicht *nur* böse ist, sondern mit der nötigen menschlichen Weisheit eingebaut und gewandelt werden kann.»[75]
Dieses Böse, von Jung «Schatten», dunkler Persönlichkeitsanteil genannt, ist für den Psychologen wie für die religiöse Deutung von Belang. Dieses Böse, das ebenso wie das Gute erwogen sein will, läßt sich nicht durch ein paar dogmatische Sätze abtun. Ebensowenig duldet es, daß man es vernachlässigt, indem man auf die unlösbaren Rätselfragen nach dem Radikal-Bösen und dessen eschatologischen Schicksal spekulativ ausweicht. Eine solche Flucht – oder ist es nicht sogar der Versuch einer Verdrängung? – ist umso weniger gestattet, als Tag für Tag eine Flut von Gewalttaten aus dem individuell-zwischenmenschlichen

und aus dem kollektiven Leben der Völker in Form von Nachrichten an uns heranbrandet. So gesehen leben wir relativ unbewußt mit dem Bösen, sofern wir nicht als Opfer oder als unmittelbar Geschädigte und Bedrohte davon existentiell betroffen sind. Dabei müßte das Bekanntwerden einer Inkarnation des Bösen sowohl als ein Ereignis, das sich zwischen den Menschen (draußen) begibt, als auch als eine mit unserem Menschsein gegebene (innere) Tatsache begriffen und in aller Eindringlichkeit bewußt gemacht werden können.

Jedoch dieser zweite, das eigene Innen, die eigene Existenz betreffende Aspekt wird als solcher zu selten realisiert. Und zwar geschieht das Bewußtwerden der in uns selbst liegenden Negativität umso weniger, als alle Berichterstattung auf Schuldige weist, die abseits von uns – mit guten Gründen versteht sich! – zu suchen sind. Nicht vergessen sei die literarische und die Fernsehunterhaltung, die sich größter Beliebtheit erfreut und die man «Krimi» nennt! Man selbst begibt sich in die Rolle des Zuschauers. Als Fernsehkonsument betrachtet, ja genießt man die auf den Bildschirm projizierte Aufzeichnung von Untaten. So wird man am allerwenigsten gewahr, daß man eine verblüffend ähnliche Technik tagtäglich im Umgang mit Menschen anwendet. Es ist die «Technik», die die Psychologie Projektion nennt. An die Stelle der fernsehtechnischen Apparatur und den Bildschirm tritt der problematisch erscheinende Mitmensch und vor allem die vielberufene, der Veränderung bedürftige «Gesellschaft». Sie müssen als Projektionswand für etwas herhalten, was zwar nicht in jedem Fall, jedoch allzuoft aus dem eigenen Innern, aus der Unzulänglichkeit unseres «Schattens» heraus stammt. Der Vorgang der Projektion selbst erfolgt unbewußt. Gerade deshalb ist der Projizierende so empört über den, an dem er den Schattenwurf seiner eigenen Minderwertigkeit wahrnimmt, von dem er aber nicht einmal ahnt, daß er selbst der Verursacher des Schattens, *seines* Schattens ist.

Ohne nun auf die Schattenproblematik, die Jung unter dem persönlich-individuellen und unter dem kollektiven Gesichtspunkt an vielen Stellen seines Werks beschrieben hat, in allen ihren Einzelheiten näher einzugehen, sei hier wenigstens gesagt, von welcher praktischen Wichtigkeit die Auseinandersetzung mit den dunklen Persönlichkeitsanteilen ist. Das gilt namentlich für das Voranschreiten auf dem Weg der Selbstwerdung. Damit stehen wir erneut an einem Punkt, an dem die christlich-religiöse und die psychologische Erfahrung einander entsprechen bzw. wo die tiefenpsychologische Erkenntnis geeignet ist, den Blick für eine bestimmte Dimension der Wirklichkeit zu öffnen.

Seine Hilfestellung als Psychotherapeut hat Jung im Vergleich zur christlichen Betrachtungsweise einmal folgendermaßen erläutert:

«Die Konfrontation mit der dunkeln Hälfte der Persönlichkeit, mit dem sogenannten Schatten, ergibt sich von selbst in jeder einigermaßen gründlichen Behandlung. Dieses Problem ist so wichtig wie das der Sünde in der Kirche. Der offene Konflikt ist unvermeidlich und peinlich. Ich bin schon oft gefragt worden: ‹Was tun Sie damit?› Ich tue nichts; ich kann gar nichts tun, als mit einem gewissen Gottvertrauen abwarten, bis aus einem mit Geduld und Tapferkeit ertragenen Konflikt sich diejenige, von mir nicht vorauszusehende Lösung ergibt, welche diesem Menschen beschieden ist. Ich bin allerdings dabei nicht passiv oder untätig, sondern helfe dem Patienten, alle jene Dinge zu verstehen, welche das Unbewußte während der Dauer des Konfliktes produziert. Man darf es mir glauben, daß dies keine Gewöhnlichkeiten sind. Es gehört vielmehr zum Bedeutendsten, das mir jemals unter die Augen gekommen ist...»[76]

Wenn Jung im gleichen Zusammenhang vom «Patienten» eine Mitarbeit verlangt, die eine «Rechtfertigung durch die Werke» anstelle von Luthers Rechtfertigung «allein aus Glauben» verlangt, so bietet der Psychologe dem Theologen eine unnötige Angriffsfläche der Kritik. Und da es sich um ein offensichtliches Mißverständnis der reformatorischen Rechtfertigungslehre handelt, erübrigt es sich, darauf weiter einzugehen. Was Jung im Auge behält und worauf es bei der Konfrontation mit dem Schatten ankommt, das ist die Betonung psychischer Erfahrung. Sie ist durch keinen Pseudo-Glauben zu ersetzen. Im übrigen gilt: «Man wird nicht dadurch hell, daß man sich Helles vorstellt, sondern dadurch, daß man Dunkles bewußt macht. Letzteres aber ist unangenehm und daher nicht populär.»[77]

Was also hat zu geschehen? – Der Hinweis Jungs besteht einmal darin, daß der Schatten «in der Regel nur etwas Niedriges, Primitives, Unangepaßtes und Mißliches (ist), und nicht absolut böse.»[78] Mit einer bloßen Unterdrückung des Schattens ist es nicht getan. Nur was bewußt wird, kann auch korrigiert werden. Derartige Korrekturen dürfen nun nicht – wie es bisweilen geschieht – mit Versuchen zur «Selbsterlösung» gleichgesetzt werden. Wir haben es bei der psychologischen Bearbeitung des Schattens eher mit einem Gegenstück zu dem Vergleich Jesu zu tun, der in der Bergpredigt bei Matthäus sagt: Wir sind geneigt, den Splitter im Auge des Mitmenschen zu sehen; des Balkens im eigenen Auge werden wir indessen gar nicht gewahr. – Und um eine solche Erkenntnisarbeit geht es bei der Konfrontation mit dem Schatten. Doch auf diesen ersten Schritt muß ein zweiter folgen, auf die Erkenntnis die Tat. Jung verweist ausdrücklich auf die Art, wie Jesus mit den Sündern Umgang gepflegt hat. Und so ist es bemerkenswert, wie die psychologische Annahme und Integration des Schattens erst im Licht des Evangeliums deutlich wird. Umgekehrt wird das Handeln Christi durch die tiefenpsychologische Deutung für den Umgang mit der eigenen Minderwertigkeit und Dunkelheit in überraschender Weise einsichtig. Seine «Rechtfertigung durch die Werke» verdeutlicht Jung daher mit dem Beispiel der Nachfolge Christi:

«Christus hat sich des Sünders angenommen und ihn nicht verdammt. Die wahre Nachfolge Christi wird dasselbe tun, und da man dem andern nichts tun sollte, was man sich nicht selber täte, so wird man sich auch des Sünders annehmen, welcher man *selber* ist. Und sowenig man Christus anklagt, daß er mit dem Bösen fraternisiere, sowenig soll man sich den Vorwurf machen, daß die Liebe zum Sünder, der man *selber* ist, ein Freundschaftspakt mit dem Bösen sei. Durch Liebe bessert man, durch Haß verschlechtert man, auch sich selber...»[79]

Den Nächsten «wie sich selbst» lieben kann daher eigentlich nur der, der mit seiner eigenen Minderwertigkeit (der tatsächlichen wie der scheinbaren) ins Reine kommt, indem er diese als eine schicksalhafte Gegebenheit annimmt. Das soll und darf jedoch keinen Freibrief für moralische Nachlässigkeit darstellen. Und wenn eine Verbindungslinie vom Begriff des Schattens in der Analytischen Psychologie zum Neuen Testament gezogen werden kann, dann trifft diese Linie dort die Wirklichkeit der christlichen Botschaft, wo Jesus vom Kreuz und von der Nachfolge spricht, wo er sein Kreuz trägt und Menschen in die Nachfolge einlädt: Wer mein Jünger sein will, der nehme sein Kreuz auf sich und folge mir nach! – Das Evangelium zeigt, wie der Schatten des Kreuzes eine *kollektive,* in der Gemeinschaft der Menschen sich zeigende Realität sein kann und wie er sich als ein *individuelles* Problem darstellt.

Der kollektive Aspekt ist an dem Verhalten der in die Christusnachfolge gerufenen Jüngerschaft abzulesen. Diese Menschen meinen «auf dem rechten Weg» zu sein. Sie haben auch tatsächlich ihre Alltagsbindungen gelöst und sind als Schüler dem Rabbi Jesus nachgefolgt. Doch als dieser Weg in sein entscheidendes Stadium eintritt, nämlich – allen sichtbar, spürbar – ins Stadium der Passion, da weichen fast alle ausnahmslos zurück, selbst die Vertrautesten. Sie lassen sich noch auf den Berg der Verklärung hinaufführen. Sie lassen sich von dem Erlebnis visionärer

Faszination und Transparenz entzücken. Da möchten sie ihrem Meister und den Gestalten der geistigen Schau (Mose und Elia) «Hütten bauen». Es fällt ihnen aber schwer, wieder in die Banalität des Alltags hinunter zu steigen. Vor allem begreifen sie nicht, weshalb sie mit dem Meister «hinauf gen Jerusalem» ziehen sollen, wo die Passion in letzter Konsequenz zu durchleiden ist: Das widerfahre dir, Jesus, nur ja nicht! So wehrt Petrus ab. – Erschrecken, Zurückweichen, Verleugnung, Verrat, Flucht – das sind die Verhaltensformen, die die Jüngerschaft in dieser Phase an den Tag legt. (Die Evangelienschilderungen sind im übrigen durchsichtig genug, um zu zeigen, wie sich in diesem Kollektivverhalten der Gestalten von einst die Tendenz des Menschen schlechthin liegt, dem Prozeß der Selbstwerdung auf dem Weg zum Christus-Selbst auszuweichen und Hindernisse auf diesem Weg zur Ganzwerdung des Menschen aufzubauen.)
Die tatsächliche innere Situation der Jünger Jesu drückt der Evangelist aus, wenn er berichtet, wie Jesus in den peinvollen Nachtstunden im Garten Gethsemane selbst seine vertrautesten Begleiter schlafend findet, unfähig, mit ihm zu wachen, unfähig, sehenden Auges dem Unvermeidlichen entgegenzutreten. Diese Wachsamkeit aber hat mit Bewußtsein zu tun und drückt die Fähigkeit aus, das dunkle Geschick, das zugleich göttliche Schickung ist, zu bejahen: Dein Wille geschehe!
Eine Gemeinschaft, eine Gesellschaft, eine Menschheit, die dem Schlaf der Unbewußtheit ausgeliefert *ist* (nicht nur ausgeliefert zu sein scheint), stellt zweifellos eine gigantische Aufgabe für die «Wachen», ihrer Verantwortung Bewußten dar. Oft läge es nahe, «an der Menschheit zu verzweifeln...» Doch eben dieser kollektive Schatten, wie wir ihn genannt haben, will bewußt angenommen werden. Es genügt nicht, «diese Gesellschaft» immer nur anzuklagen und die individuelle Schattenhaftigkeit oder das persönliche Mißgeschick auf das Kollektiv einer Masse und auf

die sie mitbedingenden «Verhältnisse» zu projizieren. Den kollektiven Schatten anzunehmen, dazu ist eigentlich nur der fähig, der inmitten der individuellen Schattenhaftigkeit schon eine partielle Bewußtheit errungen hat. Ausdruck der Annahme des kollektiven Schattens ist im Evangelium das hohepriesterliche Gebet Jesu (Joh. 17), mit dem er, das wahre Selbst des Menschen, fürbittend die Menschheit umspannt: Ich bitte für sie, daß du, Vater, sie bewahrest vor dem Bösen! – Woanders als hier ist die Wurzel für die Weltverantwortlichkeit des Christen? Der Repräsentant der Menschheit kennt die Abgrundtiefe und die Radikalität des Bösen. Er weicht dieser Realität nicht aus, sondern er überwindet sie, indem er sie annimmt «bis zum Tode am Kreuz».

Kommen wir noch auf den individuellen Aspekt des Schattens zu sprechen, dann wird uns dieser im Evangelium durch verschiedene Figuren vor Augen geführt, die im Passionsdrama eine bezeichnende Rolle spielen. Bald ist es ein Mann wie Petrus, bald ist es der Zweifler Thomas, bald ist es eine Persönlichkeit aus den Reihen der Widersacher, schließlich archetypisch verkörpert im «Versucher» und im «Fürsten dieser Welt». Die typische Schattenfigur im Kreis der Jünger Jesu aber ist Judas Ischariot, der Verräter, der sein dunkles Werk in der «Nacht» tut. Judas ist abgestempelt. In der kirchlichen Verkündigung ist ihm eine bestimmte Rolle zugewiesen, und zwar gerade in der Passionsgeschichte, als sollte damit zum Ausdruck gebracht werden, daß das Böse und die Tat derer, die im Banne des Bösen stehen, unverzichtbar in das Heilsgeschehen hineingehören. Auf der anderen Seite stellt sich die Frage nach der Gegenwart des Judas-Schattens mitten im menschlichen Alltag und in der christlichen Existenz. Haben wir uns mit diesem Judas etwa nicht ständig auseinanderzusetzen? Sind wir uns seiner Realität und Präsenz überhaupt bewußt? Wo begegnen wir ihm, etwa nur im problematischen Mitmenschen? – Fragen, denen niemand ausweichen kann, aber auch Fragen, auf die von der Analytischen Psychologie her ein erhellendes Licht fällt.

Das Evangelium selbst gibt Anstöße zu einer eingehenden Beschäftigung mit der Schattenfigur des Judas[80], indem es zeigt, wie Jesus ihn, den «Verräter», in voller Bewußtheit in die Schar seiner Jünger aufgenommen hat, als er «die Zwölf ordnete» (Mark. 3,13 f.). Der dunkle Bruder ist demnach von Anfang an dabei, und zwar gewollt und der Ganzheit der Zwölf zugezählt. Die erste Christenheit hat noch instinktiv um die Symbolhaftigkeit der Zwölfzahl gewußt, als sie nach Karfreitag und Ostern durch Zuwahl die Lücke füllte, die durch den Weggang des Judas entstanden war. Sollte Ganzheit durch die Anwesenheit, ja durch die Mitwirkung des Bösen mitkonstituiert sein? – Daran ist bei aller Paradoxie der Vorgänge der Passion kaum ein Zweifel möglich; denn Jesus hat diesen Judas offensichtlich angenommen. Judas empfängt die Fußwaschung seines Herren ebenso wie die übrigen Jünger, und er teilt mit ihm den Bissen beim letzten Abendmahl. Derselbe Brotlaib und derselbe Becher, den der Christus seinen Jüngern darreicht, speist und tränkt auch den Verräter: Das schattenhafte Ich-bin des Judas und das Ich-bin Christi kommunizieren, – ein unerhörter sakramentaler Vorgang! Die Freundes-Umarmung des Verräters im Garten Gethsemane mutet an wie eine Hervorhebung dieses unbegreiflichen Phänomens, das wir psychologisch gesehen als die Integration, die verwandelnde Integration des Schattens nennen können. Doch was heißt das praktisch?

Den Schatten assimilieren, annehmen, heißt eben, das mängelbeladene Ich ebenso annehmen wie das konkrete mitmenschliche Du. Das konkrete Du annehmen, heißt sodann, die «Anderheit des andern» (M. Buber) in und mit diesem Du akzeptieren, auch wenn und gerade weil diese Anderheit uns fremd und fern vorkommt. Die böse Tat wird dadurch nicht relativiert oder «entschuldigt». Aber da Judas mitten unter uns, *in* uns ist und die Anderheit des anderen unserer ganzen Zuwendung bedarf, ist Jesu Haltung seinem Jünger Judas gegenüber für uns bedeutsam. Über dem Evangelienabschnitt, der diese Annahme des schattenhaften Jüngers dokumentiert, könnte daher das Wort stehen, das Jesus seinen Jüngern nach der Fußwaschung gesagt hat: Ein Beispiel habe ich euch gegeben, auf daß ihr tut, wie ich euch getan habe.

Damit ist keine äußere und somit mißverstandene Imitation Christi gemeint; dergleichen hatten auch nicht die Mystiker des Mittelalters im Sinne, die mit Thomas a Kempis («De Imitatione Christi») einen geistlichen Weg der Christusnachfolge beschritten haben. Im übrigen erfordert gerade die Erkenntnis des Schattens, und das heißt die des zu unserem eigenen Ich gehörigen Schattens, Selbsterfahrung in der Begegnung und für die Begegnung. Damit ist abermals zum Ausdruck gebracht, daß die Analytische Psychologie nicht etwa einer beziehungsfremden Innerlichkeit das Wort reden will. Auch und gerade dort, wo über die ersten Ansätze zu einer Selbst-Erfahrung hinaus weitere Schritte auf dem Individuationsweg gemacht werden können, ist das menschliche Du und ist die Beziehungsfähigkeit im allgemeinen gesellschaftlichen Bereich voll bejaht.

C. G. Jung hat sich deshalb mit aller Deutlichkeit etwaigen Mißverständnissen gegenüber abgegrenzt, wenn er schreibt: «Die Seele, die nur aus der menschlichen Beziehung lebt, geht verloren... Ohne anerkannte und akzeptierte Bezogenheit auf den Nebenmenschen gibt es überhaupt keine Synthese der Persönlichkeit. Die innere Verfestigung des Individuums stellt daher keineswegs die Verhärtung des Massenmenschen auf höherer Stufe dar, etwa in Form einer geistigen Abgeschlossenheit und Unzulänglichkeit, sondern begreift den Mitmenschen ein... Die Beziehung zum Selbst ist zugleich die Beziehung zum Mitmenschen, und keiner hat einen Zusammenhang mit diesem, er habe ihn denn zuvor mit sich selbst.»[81]

Nehmen wir die verschiednen Schatten-Aspekte nicht nur

in ihrer negativen Erscheinungsform, also nicht allein in ihrer bedrohlichen Gestalt, die natürlich nicht verharmlost werden soll, sondern blicken wir auch auf die Möglichkeit, den Schatten zu «bearbeiten», das Kreuz zu «tragen», dann enthüllt der Schatten und das in ihm sich inkarnierende Böse mit einem Male seine bis dahin verborgene positive Größe. Denn an dem Widerstand, den uns das Böse in uns und um uns darbietet, können wir wachsen. Wir können Antriebskräfte auf dem Weg der Selbstwerdung selbst dort finden, wo sich uns eine Welt der Negationen entgegenstellt. Ein Mann vom geistigen Range eines Jakob Böhme vermochte in seinem erbittertsten Gegner, den Görlitzer Oberpfarrer Gregor Richter und dessen Machenschaften den «Treibhammer Gottes» zu sehen. Ihm ist es zu einer unbestreitbaren religiösen Erfahrung geworden, daß denen, die Gott lieben, alle Dinge zum besten dienen müssen. Und selbst der marxistischen Rezeption der Philosophie Hegels, die ohne die Spiritualität Böhmes gar nicht zu denken ist, war die «gewaltige Treibmacht des Negativen» (Ernst Bloch) nicht fremd. Freilich, die Fassade muß durchschaut werden. Das erfordert Wachheit, Mut und eine auf dem Weg der inneren Reifung erlangte Aktivität. Sie ist – wenn nicht alles trügt – im christlichen Glauben, in der Liebe und in der Hoffnung enthalten als ein Impuls, der zu neuer Wirklichkeitserfahrung und zur Bewältigung des Bedrohlichen führt.

### *g) Zur Erhebung des Weiblichen im Christentum*

«C.G. Jung hat in unserer Zeit den großangelegten Versuch gemacht, das christliche Dogma von der Psychologie her zu ergänzen und die hier vorherrschende männliche Denkstruktur, die nur von Begriffen wie ‹Vater› und ‹Sohn› bestimmt ist, durch die Öffnung zum Weiblichen hin in eine wirkliche Ganzheit zu integrieren.»[82]

In seiner Einführung in die Religionspsychologie verbindet Ulrich Mann diese Feststellung mit dem Eingeständnis, daß dieses Problem von der Jung-Schule selbst nicht ausdiskutiert und daß die Theologie bislang so gut wie überhaupt nicht auf den speziellen Beitrag Jungs eingegangen sei. Die Verdrängung des Weiblichen aus dem religiös-dogmatischen Denken ist nach wie vor eine Tatsache. Es ist bekannt, daß der Protestantismus gemeinhin dieses Faktors in einem hohen Maße entbehrt, während der römische Katholizismus in der Marienfrömmigkeit, die östliche Orthodoxie in der Sophiologie, das heißt in der Verehrung der göttlichen Sophia, einen Ausgleich zum betont patriarchalischen Denken gefunden haben. Zwar ist die göttliche Sophia auch protestantischen Sehern, etwa Jakob Böhme und seinen zahlreichen Schülern, als eine Wirklichkeit begegnet; sie konnte dort bis zur Bildung von menschenkundlichen Vorstellungen von der androgynen, männlich-weiblichen Ganzheit des Menschen fruchtbar werden.[83] Aufs Ganze gesehen aber ist sie eine esoterische Lehre geblieben, der die Aufnahme durch die kirchliche Öffentlichkeit versagt geblieben ist. So wie die alttestamentliche Frömmigkeit auf das väterliche Tun Gottes ausgerichtet ist, so blieben der lutherische und der reformierte Kathechismus, die reformatorischen Bekenntnisschriften in ihrer Gesamtheit, auf Gott den Vater und den Sohn fixiert. In den langjährigen und vielseitigen Bemühungen, die «Pastorenkirche» zu überwinden und das Priestertum aller Gläubigen für Mann *und* Frau zu erringen, spiegelt sich der Mangel wider, der dem einseitigen Denkmodell in der geltenden Ordnung innewohnt. Das neutestamentliche Hirten- und Wächteramt scheint eine geschlechtsspezifische «Diakonia» zu sein. Dieser Eindruck wird zumindest erweckt. Es ist aus der Tagespresse bekannt, welche großen Schwierigkeiten Kirchenleitungen und Synoden hatten und zum Teil noch haben, die theologisch voll ausgebildete Frau zum Predigtamt und zur sogenannten «Sakramentsverwaltung» zuzulassen; – ganz zu schweigen von dem Priesterkanon im Katholizismus.

Um so größer mußte das Erstaunen sein, als ausgerechnet ein aus dem schweizerischen Konservatismus kommender Pastorensohn die Proklamation des letzten Mariendogmas der römisch-katholischen Kirche weithin vernehmbar begrüßte.

Man mag auf sich beruhen lassen, wie das von Pius XII. (1950) verkündete Dogma von der leibhaftigen Himmelfahrt Mariens im einzelnen zu bewerten ist. Feststeht, daß, aus psychologischer Perspektive betrachtet, mit der Erhebung des Weiblichen buchstäblich eine Er-Gänzung vollzogen wurde, die nicht ohne Wirkung auf das Bewußtsein jenes Teils der Christenheit bleiben dürfte, dem es gelingt, zum Väterlich-Männlichen im göttlichen Bereich das Mütterlich-Weibliche hinzuzufügen. Das heißt, es stellt sich die Aufgabe einer Integration des Weiblichen in einer weitgehend vaterrechtlich orientierten Kultur.

Diese Aufgabe stellt sich für das heutige Christentum noch unter folgendem Gesichtspunkt: Wer die anwachsende okkultistische Literatur beobachtet hat, die in den letzten Jahren auch in deutscher Sprache verbreitet worden ist, dem wird aufgefallen sein, daß die erotisch-sexuelle Komponente bisweilen eine gewisse Betonung erfahren hat. Dabei seien fragwürdige, auf einen breiten Publikumsgeschmack spekulierende Publikationen, die markschreierisch einen «sexuellen Yoga» und dergleichen anpreisen, im vornherein als undiskutabel ausgenommen. Es ist aber nicht zu leugnen, daß gerade östlich-fernöstliche Esoterik der erotisch-sexuellen Symbolik große Bedeutung bemißt. Man denke hierbei an gewisse Yogapraktiken im Bereich des hinduistischen und buddhistischen Tantrismus oder im chinesischen Taoismus. Alles Streben nach Vollkommenheit, nach Aufhebung der Gegensätze findet seinen vornehmlichen Bildausdruck in der ewigen Kohabitation, in der glückhaften Vereinigung des Männlichen mit dem Weiblichen auf höchster göttlicher Ebene. Es soll die Vereinigung des Menschen mit dem Tao, dem Ur-Einen, herbeigeführt werden. Um aber die Überschreitung des individuellen Ich und die Begegnung mit der polar entgegengesetzten «Anderheit» des transzendenten Anderen sichtbar werden zu lassen und diesem Prozeß eine möglichst adäquate leibhafte Form zu verleihen, ist offensichtlich die geschlechtliche Vereinigung die erlebnisintensivste Gestalt der Verwirklichung. Es besteht keinerlei Anlaß zu leugnen, daß der ritualisierte Sexualakt als Hierosgamos (heilige Hochzeit) in den alten Mysterienreligionen und in bestimmten esoterischen Verbänden vollzogen worden ist, und zwar noch ehe es zu den immer wieder berichteten Dekadenzerscheinungen mit den fragwürdigen und skandalösen Veräußerlichungen des eigentlichen Mysteriums kam.

Echte Esoterik hat es immer mit Innenerfahrungen zu tun, die auf den fortschreitenden Reifungsvorgang dessen verweisen, der einen geistig-religiösen Schulungsweg betritt. Die unvermittelte Konfrontation mit der sexuellen Symbolik läßt den unvorbereiteten Beschauer jedoch im Unklaren über das, was eigentlich gemeint ist. Er sieht nur das Vordergründige und vermutet Menschlich-Allzumenschliches, etwaige Zugeständnisse an das «schwache Fleisch». Es bleibt ihm indes verborgen, daß echte Symbole über ihre jeweilige sinnenfällige Erscheinungsweise hinaus auf eine übersinnliche Dimension der Wirklichkeit verweisen. Koitierende Paare, wie sie beispielsweise an den Fassaden hinduistischer Tempel oder in den Aufzeichnungen aus der taoistischen Tradition zu sehen sind, werden notgedrungen mißdeutet.

Gewiß ist auch einem anderen Mißverständis zu wehren, das darin besteht, erotisch-sexuelle Motive allzurasch spirituell, genauer: spiritualistisch verkürzt zu interpretieren, als gelte es, die menschliche Leiblichkeit zu verabscheuen. Beide Tendenzen, die vordergründig-sensualistische und die eben genannte leibfeindlich-spiritualistische Deutung des Phänomens verfehlen den Sinn. Denn wo Ganzwerdung angestrebt wird, da geht es darum, *alle* Dimensionen, alle Seinsebenen der Wirklichkeit zu umfassen und Schritt um Schritt zur Ganzheit menschlicher Verwirklichung zu verschmelzen. Die physisch-leibliche Sphäre darf dabei keine Ausnahme bilden, am allerwenigsten in derjenigen Religion, in deren Mitte die Botschaft von der Fleischwerdung Gottes steht. Jedenfalls stellt die asiatische Spiritualität mit ihrer erotisch-sexuellen Symbolik eine ernst zu nehmende Anfrage an den abendländischen Christen dar. Es ist die Anfrage, ob und in welchem Maße er jener Integrationstat fähig ist, die weder die Flucht in die Askese noch das Abgleiten in einen hemmungslosen Libertinismus antreten muß.

Verdanken wir Sigmund Freud eine vorurteilsfreiere Sicht der Sexualität, so liegt ein Verdienst C. G. Jungs darin, den inneren Aspekt des Erotischen wie des Irdisch-Leibhaften durch Animus und Anima sichtbar gemacht zu haben. Während die Psychoanalyse jedoch vom Ansatz her dahin tendiert, Seelisches auf die sexuelle Triebkomponente zu reduzieren, hat Jung den Symbolcharakter des sexuellen Motivkreises enthüllt, wobei wir auch hier unter einem Symbol einen sinnenfälligen Ausdruck für eine darüber hinausreichende, hinausweisende Wirklichkeit verstehen. Mit der Entdeckung bzw. Wiederentdeckung eines gegengeschlechtlichen Seelenbildes, d. h. der Anima beim Mann und des Animus bei der Frau, wollte Jung nicht etwa nur das terminologische Vokabular bereichern. Er hob hervor, daß sein Begriff der Anima «ein reiner Erfahrungsbegriff» sei [84] und daß er als solcher weder mit den bekannten philosophischen oder mit dem christlich-dogmatischen Seelenbegriff nicht etwa gleichgesetzt werden dürfe.[85]

Doch nicht darum kann es in unserem Zusammenhang gehen, Jungs Darlegungen zum Seelenbild (Animus, Anima) zu entfalten. Es läßt sich ohnehin nicht durch eine knappe Definition eindeutig und umfassend bestimmen, da es viele Aspekte aufweist, bewußtseinsnähere und bewußtseinsfernere, lichte und dunkle, positive und negative. Mit dem individuellen «Schatten», den dunklen Persönlichkeitsanteilen, aber hat das Seelenbild das gemeinsam, daß es unbewußterweise auf Sachen und auf Personen projiziert werden kann. So projiziert der Mann das Bild seiner Anima auf die Frau. An dem Bild, das er in sich selbst trägt, mißt er das Weibliche, dem er gegenübertritt. Und die allbekannte Faszinationskraft des Weiblichen überfällt ihn umso mehr, umso folgenreicher, je weniger er seiner (inneren) Anima bewußt ist. Vor allem meint er oft, das, was ihn zutiefst beeindruckt, komme nur von außen an ihn heran.

Es stellt sich die Frage, was die Psychologie unter Zuhilfenahme des Anima-Begriffs zum Menschen- und Gottesbild beizutragen habe. In Kürze läßt sich hier soviel sagen:

Das Seelenbild der Anima trägt zu einer grundlegenden Neubesinnung auf das Wesen des Menschen bei, der letztlich nicht auf *ein* Geschlecht, auf das des Mannes *oder* auf das der Frau festzulegen ist, wiewohl die menschliche Existenz und das auszulebende menschliche Schicksal eindeutig durch eine männliche oder durch eine weibliche Verkörperung bestimmt ist und wiewohl die Reifung zur menschlichen Ganzheit davon auszugehen hat, daß der schicksalhaft zugewiesene Geschlechtscharakter bejaht und verwirklicht wird.

Das hat im bewußten Leben zu geschehen. Die Anima wurzelt indes in den archetypischen Gegebenheiten des Unbewußten. Und es liegt ein Indiz für die Selbstverwirklichung darin, daß diese gegengeschlechtliche Seite des Unbewußten ebenfalls bejaht und der bewußten Lebensführung zugeordnet wird. Wo das geschieht, das heißt wo der Anima-Charakter des eigenen Unbewußten nicht nur hypothetisch-wissensmäßig zur Kenntnis genommen, sondern als zum eigenen Wesen gehörig erfahren wird, da besteht Aussicht, die patriarchale Einseitigkeit des Menschen- und des Gottesbildes zu überwinden. Es ist die Einseitigkeit, die wir an der Imago des göttlichen Vaters und des Sohnes ablesen, von der wir seit nahezu zwei Jahrtausenden unsere Gottesvorstellung bestimmt sein lassen. Dabei ist das Christentum keinesfalles eine typische Männerreligion; ebensowenig ist es – etwa nach der hohen Beteiligung der Frauen am kirchlichen Leben zu schließen – eine Frauenreligion. Das Christentum ist vielmehr *die Religion des Menschen*. In ihr soll einzig das In-Christo-Sein den Ausschlag geben; rassische, geschlechtliche oder gesellschaftliche Unterschiede bzw. Zugehörigkeiten haben nach Meinung des Apostels Paulus ihre einstige dominierende Bedeutung verloren, denn: «Hier ist kein Jude noch Grieche, hier ist kein Knecht noch Freier, hier ist kein Mann noch Weib; denn ihr seid allzumal *einer* in Christo Jesu» (Gal. 3,28).

Es kann andererseits auch eingesehen werden, daß im Katholizismus Maria, «die Mutter Gottes», ihrerseits zu einer Trägerin von Projektionen geworden ist für unzählige Menschen, die – solange sie projizieren – ihre eigene psychische Weiblichkeit unentwickelt lassen, nämlich als denkende, fühlende, wollende Menschen. Dabei käme es aber darauf an, die «in tausend Bildern» nach außen projizierte, «lieblich ausgedrückte» Maria, von der Novalis im Lied singt, von jener inneren Maria zu unterscheiden, «wie meine Seele sie erblickt...» Christliche Frömmigkeit könnte dann die Projektion und Faszination entbehren, die mit der Gestalt der Mutter Jesu verknüpft ist. «Maria» würde zu einer Seelenhaltung, zu einer spezifischen Seelenmöglichkeit, etwa auch meditativer Art. Die großen Mystiker wissen um diese Möglichkeit, die sie sich selbst angeeignet haben, indem sie sich für die religiöse Erfahrung öffneten. Im Grunde gibt das Evangelium selbst einige Hinweise, wo es von der Glaubenshaltung der Mutter Jesu, aber auch von anderen Frauengestalten berichtet. «Maria» würde dann in einem ihrer wichtigsten Aspekte als die schöpferische Matrix erkannt werden und auf höchster göttlicher Ebene als die heilige Sophia (Weisheit), von der schon das Alte Testament Zeugnis ablegt, wenn es von der «Werkmeisterin» spricht, die dem Schöpfergott bei der Erschaffung der Welt beigestanden habe.[86] Sie ist es, die unserem logosartigen Erkennen «sophianische» Züge verleiht. All das zielt auf eine Ergänzung, nicht auf eine Verdrängung oder Minderung der menschlichen, «typisch männlichen» Rationalität, die so sehr im Zeichen kritischer Analyse steht. Entsprechendes trifft für das Willensleben zu. Ein Ausgleich zwischen Extraversion und Introversion, das heißt zwischen tätigem Agieren nach außen und meditativem Hören nach innen käme dort zustande, wo im Sinne des Jesuswortes aus dem Lukasevangelium nach dem «Einen, das tut not», gefragt wird. Es ist gewiß kein Zufall, daß hier Jesus Maria, der Schwester des Lazarus, jene Tugend zuerkennt, die der ganz in der Aktivität und in der Dienstbereitschaft aufgehenden Martha fehlt.

In Visionen und in imaginativen Schaubildern haben die Seher und Dichter der Christenheit diese Dimension der göttlichen Sophia in den Blick gefaßt. Heute läßt uns die dafür offene Psychologie deutlich werden, daß es sich hierbei um keine zufälligen Hirngespinste handelt, die sich einige Ausnahmemenschen erdacht hätten, sondern daß sich darin elementare Bedürfnisse der menschlichen Psyche wie von selbst aussprechen.

Im individuellen Menschenleben hat die Entdeckung und hat schließlich der Umgang mit der Anima seine Zeit. Als Aufgabe stellt sich die Realisierung der Anima vornehmlich in der zweiten Lebenshälte. Gemessen an der Integrationsaufgabe, die der «Schatten» stellt, und dessen Bewältigung Jung das Gesellenstück auf dem Weg der Selbstwerdung genannt hat, bedeutet eine wenigstens teilweise Zurücknahme der Anima-Projektionen für den Individuierenden das Meisterstück, ein großes Wagnis, eine «Mutprobe» besonderer Art; Jung nennt es auch einmal ein «Feuerordal» aller psychischen Kräfte. Hier fallen Lebensentscheidungen.

Auf die Christenheit in ihrer Gesamtheit bezogen, drängt sich ein Vergleich auf. Vieles spricht dafür, daß die Menschheit dabei ist, die Schwelle zu überschreiten, die sich in Analogie zu jenem Übergang setzen läßt, der um die Lebensmitte beginnt. Will die Christenheit der Zukunft gewachsen sein, dann muß sie sich nicht allein auf die Wiederbelebung des im überkommenen Dogma aufgehobenen spirituellen Gütern besinnen. Sie muß darüber hinaus in dem Sinne zu wachsen bereit sein, in dem das Neue Testament von der Herankunft des Heiligen Geistes spricht, der «in die ganze Wahrheit Wegführer ist».[87]

Führen wir nun noch einen einzigen Gedankenkreis an, mit dem Jung die vorgegebene Keimhülle der dogmatischen Überlieferung durchbricht oder als Ausdruck eines fortschreitenden spirituellen Wachstumsprozesses der Christenheit durchbrechen sieht, dann ist hier an einen Schritt zu denken, mit dem die bisherige theologische Denkstruktur verändert wird. Wir meinen den Schritt, den der Psychologe über die christliche Trinitätsvorstellung hinaus zu derjenigen einer göttlichen *Quaternität* tut. Dabei sind es zwei Faktoren, die Jung in der christlichen Dreifaltigkeitslehre vermißt, die jedoch zu den Konstanten der menschlichen Existenz gezählt werden müssen, deren Verankerung und Aufgehobensein im göttlichen Bereich innerstes Bedürfnis ist. Es sind eben die erwähnten Faktoren des Bösen und des Weiblichen.

Offensichtlich hat das trinitarische Denken an wirkender Symbolkraft eingebüßt, je mehr sich das Verlangen nach Selbstwerdung und nach Ganzheit in der Psyche manifestiert. Damit ist eben jene Reifungsproblematik angesprochen, die sich aus der Aufgabe der Integration des Bösen und der Realisation des (weiblichen) Seelenbildes ergibt. Ausgehend von der Beobachtung, daß sich im Unbewußten ein Archetypus der Ganzheit vorfindet, gelangt Jung zu der Feststellung: «Gewiß hat der Glaube recht, wenn er dem Menschen die Unermeßlichkeit und Unerreichbarkeit Got-

tes vor Augen und zu Gemüte führt; aber er lehrt auch die Nähe, ja Unmittelbarkeit Gottes, und es ist gerade die Nähe, die empirisch sein muß, soll sie nicht völlig bedeutungslos sein. Nur das, was auf mich wirkt, erkenne ich als wirklich. Was aber nicht auf mich wirkt, kann ebensogut nicht existieren. Das religiöse Bedürfnis verlangt nach Ganzheit und ergreift darum die vom Unbewußten dargebotenen Ganzheitsbilder, die, unabhängig vom Bewußtsein, aus den Tiefen der seelischen Natur aufsteigen.»[88]
Diese Ganzheit aber ist vornehmlich durch die «Kreuzung» zweier Gegensatzpaare, also durch die Vier symbolisiert. Wir sehen vor uns das elementare und damit zugleich globale und universale Symbol des Kreuzes, das von einem Kreis umschlossen wird.
Schon von diesem Zentralsymbol des Christlichen her, das nicht zufällig auch ein uraltes Sinnzeichen der Menschheit ist, legt sich für Jung die Vermutung nahe, daß ein quaternitäres Symboldenken im Christentum unterschwellig bereits wirksam sei. Dafür gibt es tatsächlich eine Fülle von Belegen, die bei verschiedenen Esoterikern der Christenheit zu finden sind. Es ist vor allem das Problem des Bösen in der Gestalt der ungeheuren Gegensatzspannung, die nicht etwa zwischen einem guten und einem bösen Gott, wie wir ihn vom persischen oder gnostischen Dualismus her kennen, besteht, sondern die in dem «verborgenen Gott» (deus absconditus) selbst veranlagt ist. Mit tiefstem Erschrecken legen die alttestamentlichen Gottesboten Zeugnis davon ab. Und Männer wie Nikolaus von Kues oder Nikolas von Flüe, Martin Luther oder Jakob Böhme haben je auf ihre Weise diese Gegensätzlichkeit – um mit Böhme zu reden – im «Ungrund» als ein gewaltiges «Zornfeuer» erfahren. Angesichts solcher Erfahrungen ist es nicht statthaft, den Ganz-Anderen auf einen gemütvollen «lieben Gott» zu reduzieren, theologisch gesprochen auf ein «höchstes Gut» (summum bonum).
Dieser Absage an eine Verniedlichung des Unnahbaren,

wiewohl er in Christus dem Menschen liebend zugewandt ist, und dieser Mahnung angesichts der Radikalität des Bösen sucht Jung zu entsprechen. Als ein zutiefst Erschütterter hat Jung in dem späten Werk «Antwort auf Hiob» dieser Gegensatzspannung Ausdruck verliehen. Bewegt aber hat ihn das Problem lebenslang, wobei es die Gegensatzspannung Männlich-Weiblich ist, die nach Vereinigung, nämlich nach der Erfüllung des Mysteriums Coniunctionis ruft. Nicht genug damit, daß die mittelalterlichen Alchymisten im Rahmen ihrer Bereitung des «Steins der Weisen» die Verbindung von rex und regina auf der Stoffesebene herbeizuführen sich bemühten; Gott selbst «will sich im Mysterium der himmlischen Hochzeit erneuern und will Mensch werden.»[89]

In der Auseinandersetzung mit Hiob erblickt Jung den eigentlichen Grund für die Menschwerdung. «Wie Adam als ursprünglich hermaphroditisch (männlich-weiblich) gilt, so gilt auch das ‹Weib und sein Samen› als ein Menschenpaar, nämlich als die Regina coelestis und Gottesmutter einerseits und der göttliche Sohn, der keinen menschlichen Vater hat, andererseits. So wird Maria, die Jungfrau, als reines Gefäß für die kommende Gottesgeburt auserwählt... Ihre (d.h. Mariens) Assumptio ist das Vorbild für die leibliche Auferstehung des Menschen. Als Gottesbraut und Himmelskönigin hat sie die Stelle der alttestamentlichen Sophia inne.»[90]

Was Jung in einer einzigartigen – für viele befremdenden – Zusammenschau von psychologischen, theologischen und religionsgeschichtlichen Tatbeständen schildert, darf nicht allein als eine begrifflich-formale Veränderung der dogmatischen Grundlagen gesehen werden. Der Blick auch des Kritikers hätte sich auf das lebendige Geschehen, um das es hier geht, selbst zu richten. Gert Hummel kommt daher zu dem Schluß:

«Wenn die quaternitäten Bilder Wahrheit ausdrücken, dann bedeuten sie einen neuen Abschnitt im Wesens- und Erlösungsprozeß des Gottseins Gottes und zugleich des Menschseins des Menschen. Quaternität zeigt an, daß das flächig gedachte Ganzheitssymbol der Zeitenwende (d.h. die Trinität) sich in die natürliche, wirkliche Ganzheit wandelt. Die Individuation des Menschen kommt gleichermaßen zum Ziel wie die Individuation Gottes. Denn Gottes Gottsein zielt, wie das Menschsein des Menschen, auf die volle, wirkliche ‹complexio oppositorum›».[91]

Es sei abschließend gar nicht geleugnet, daß das, was Jung in der Gestalt der Quaternitätsidee vor seine Leser hinstellt, nicht ohne weiteres als eine problemlose «Wegweisung zu Christus» angesehen werden kann. Was in der individuellen Reifung, etwa beim Erleben eines therapeutisch begleiteten Individuationsprozesses, realisiert zu werden vermag, das muß nicht ohne Schwierigkeit auf der religiösen Ebene akzeptiert werden können. Schließlich hat Jung auch nicht gezögert, sein von Theologen mit Vehemenz angegriffenes Hiob-Buch als die «fragende Stimme eines Einzelnen» zu bewerten, der gehofft hat, «der Nachdenklichkeit seiner Leser zu begegnen».[92]

So sollte seine Anfrage in erster Linie als eine Anregung, gegebenenfalls als ein Weckruf und als ein Impuls für seine Zeitgenossen angesehen werden, der sich sowohl auf die Reifung des Einzelnen wie auf das Wachstum des Christentums bezieht.

# DER FAKTOR DES ZWISCHENMENSCHLICHEN

Das Christentum ist als eine soziale Tatsache geschichtliche Wirklichkeit geworden. «Seht, wie sie einander so lieb haben!» Dieser erstaunte Ausruf eines außenstehenden Beobachters dokumentiert etwas von der Wirkung, die die erste Christenheit auf ihre heidnische Umwelt ausgeübt haben muß. Es ist das Ereignis der Agape, die im zwischenmenschlichen Bereich erfahrbar gewordene, durch Christus initiierte, in Kraft gesetzte Liebe. Sie ist zwar nicht mit dem Eros der antiken Dichter und Denker zu verwechseln. Doch muß Agape den Eros nicht etwa ausschließen. Sie kann ihn umfassen; sie sollte ihn in die Ganzheit des Lebens einfügen und als eine gute Gabe der Schöpfung annehmen.[93]

Dieser Agape-Faktor der Christenheit hat jedoch an Spannung und Wirkkraft eingebüßt, wenn wir allein die letzten Jahrhunderte überblicken und an die Katastrophen denken, die im gesellschaftlichen Bereich um sich gegriffen haben. Die Bedrohung des Menschen erwies sich immer auch als eine Bedrohung des Mitmenschlichen und bedeutete einen gefährlichen Schwund an praktizierter Mitmenschlichkeit. Die gleichzeitig ins Werk gesetzte vielfältige karitative Tätigkeit der Kirchen aber hat diese Bedrohung des Mitmenschen durch den Menschen im Grundsätzlichen kaum verringert, sondern sie hat – selbstverständlich absichtslos – das Ausmaß der Gefährdung eher nur kaschiert. Es ist klar: Der Samariterdienst an der Unfallstelle kann gar nicht hoch genug eingeschätzt werden. Viel zu lange aber hat die Christenheit gebraucht, bis sie sich zur Einsicht durchrang: Es genügt nicht, *am* Unfallort bereitzustehen, Verunglückte zu bergen, Opfer zu bestatten, Hinterbliebene zu trösten;

*der* Unfallort sozialer Ungerechtigkeit muß beseitigt werden! Soviel haben die radikalen, aus dem atheistisch-humanistischen Lager kommenden Sozialrevolutionäre immerhin erkannt, wenn sie selbst die christliche Liebestätigkeit auf deren die Gesellschaft veränderliche Kraft hin untersuchten. Auf eine knappe Formel gebracht, wird man sagen können:

Die Christenheit in der früh- und spätkapitalistischen Phase ihrer Geschichte hat Barmherzigkeit geübt, nachdem die Kirche als Institution längst ein Bündnis mit den politisch und wirtschaftlich Mächtigen eingegangen war. Die urchristliche Agape hat ihre ursprüngliche gesellschaft*gestaltende* Potenz eingebüßt. Die Kirche gestattete in den Tagen Wicherns und Bodelschwinghs gerade noch, den auf Grund von Korruption und Ausbeutung in Not Geratenen Almosen zu geben; die Ursache, die die Notlage jeweils herbeiführte, aber beseitigte sie nicht, ja sie erkannte sie nicht einmal. Die Kritik derer, die die Sozialarbeit der Kirche unter die Lupe nehmen, läßt sich nicht leichtfertig abtun. Es wird gefragt: Könnte es nicht sein, daß die kirchliche Liebestätigkeit dazu dient, die ungerechten sozialen Verhältnisse da und dort heute noch aufrechtzuerhalten? Könnte es nicht sein, daß die Kirche inzwischen zwar mit größerem Engagement gemäß Dietrich Bonhoeffers Forderung «für andere da» ist, dieses Für-andere-da-Sein jedoch – und sei es unbewußt – zur Durchsetzung von Eigeninteressen oder zur Aufrechterhaltung des Status quo mißbraucht?

Daneben müssen aber auch jene Fragen gehört werden, die sich gerade zu einem Zeitpunkt stellen, in dem Mitmenschlichkeit, gesellschaftliche Veränderung, Emanzipation und Mitbestimmung zu den Pflichtvokabeln der öffentlichen Diskussion geworden sind: Ist eigentlich schon grundlegend Neues erreicht, wenn alle die berechtigten oder doch wünschenswerten Ziele einer sozialen Neuordnung Wirklichkeit geworden sind? Darf die Kritik an den bestehenden Verhältnissen sich auf die Kritik an der vorgegebenen Gesellschaft beschränken? Werden etwa gar Fundamentalprobleme des Menschen auf «die Gesellschaft» projiziert? Was hülfe es dem Menschen, wenn zwar die äußeren Verhältnisses hinsichtlich Eigentumsverteilung, Mitbestimmung oder sozialer Chancengleichheit geordnet würden, die menschliche Wesenheit jedoch im Chaos der Selbst-Entfremdung weiter unvermindert zu leiden hätte?

Fragen über Fragen, die dazu geeignet sind, die Tiefe des menschlichen Elends auszuloten, aber auch Fragen, die auf eine vergessene oder doch vernachlässigte Dimension menschlicher Heilungs- und Heilsbedürftigkeit verweisen! Das programmatische Wort Jesu: «Du sollst *Gott*, deinen Herrn lieben von ganzem Herzen, von ganzer Seele, von allen Kräften und von ganzem Gemüte und deinen *Nächsten* als dich *selbst*!» (Luk. 10.27) ist seinerseits geeignet, unsere wahre Situation zu enthüllen. Denn es ist nicht allein die Gottesliebe in unserer Mitte problematisch geworden. In hohem Maße problematisch geworden ist auch jene Agape, von der im zweiten Teil dieses Jesus-Wortes gesprochen wird, und zwar ist es die Agape, die ihrerseits unter einem Doppelaspekt zu betrachten ist: die Liebe zum Mitmenschen und die erstaunlicherweise arg mißachtete Liebe zum eigenen Selbst.

An die Stelle dieser durch die Evangelienstelle angesprochenen, beinahe als selbstverständlich vorausgesetzten Selbst-Liebe ist die Ich-Vergötzung getreten, das heißt ein Egoismus, der der Beziehung zur eigenen Selbstheit unfähig geworden ist und der schließlich auch der zwischenmenschlichen Beziehungsfähigkeit Entscheidend-Wesentliches vorenthält. Um nun zu erhellen, was mit diesem Doppelaspekt der Selbst- und der Nächstenliebe gemeint sein mag, wenden wir uns der Jungschen Psychologie und Therapie zu, um zu sehen, inwieweit sie zu einer Neubelebung der Agape-Wirklichkeit etwas beizutragen vermag. (Unter dem Gesichtspunkt der Schatten-Problematik berührten wir dieses Thema bereits.)

Mitunter wird befürchtet, die Analytische Psychologie widme sich zwar der «Höherentwicklung» des einzelnen, sie leiste einer nicht unproblematischen Selbstveredelungsbegierde Vorschub, vernachlässige darüber aber die zwischenmenschliche Sphäre. Unter völliger Verkennung des Tatsächlichen wird manchmal das Kernstück der Jungschen Psychologie, die Individuation, mit einer Ausgeburt eines selbstsüchtig-einseitigen Individualismus gleichgesetzt. Dabei haben beide Begriffe und die ihr zugrundeliegende Sache überhaupt nichts miteinander zu tun. Fest steht allerdings dies, daß Individuation, Selbst-Werdung, die annäherungsweise Verwirklichtung des eigenen Selbst einen Vorgang darstellt, für den keine allgemeinverbindlichen Normen vorliegen. Der Individuationsprozeß ist, wie wir gesehen haben, eine eminent individuelle und damit eine einzigartig-einmalige Angelegenheit des betreffenden Menschen. Für sie gibt es kein Schema und keine statistischen Durchschnittwerte. Der angepaßte, der durch Massenmedien, durch Konsum- und sonstige Werbung beliebig steuerbare, zu allgemeinen Verhaltensmustern verführbare Mensch hingegen ist folglich von dem weit entfernt, was Jung unter Individuation versteht. Ein solcher außengesteuerter Mensch ist sich gar nicht bewußt, was er mit sich geschehen läßt. Er durchschaut nicht, daß er, wenn er eine Ware, einen Lebensstil, eine Partei usw. «wählt», nicht eigenen moralischen Impulsen folgt, sondern daß er das Opfer einer ausgeklügelten Werbepsychologie geworden ist. Für ihn sind die Medien und Werbeträger nicht etwa Vermittler von Information, die kritisch genutzt werden sollten, sondern er läßt sich zum willfährigen Objekt machen. Das geschieht in dem Maße, in dem er *unbewußt* so funktioniert, wie die «geheimen Verführer» sich das Verhalten großer Menschenmassen ausgerechnet haben. Der Seelenverlust, der sich demzufolge Mal um Mal ereignet, ist kaum abzuschätzen.

Das gestörte, durch kirchliche Verkündigung und Seelsorge auf die traditionelle Weise nicht einfach wiederherzustellende Zwischenmenschliche erfährt in der Analytischen Psychologie in der Tat eine therapeutische Korrektur. Dabei ist es bemerkenswert, wenn man sieht, daß eben der erwähnte Doppelaspekt der Selbst-Liebe und der Nächsten-Liebe zur Geltung gebracht wird, ohne daß Jung dies etwa unter Berufung auf die neutestamentliche Vorlage zum Programm erhoben hätte. Nun läßt sich vorweg ein Zweifaches sagen:

Nur wer der Selbst-Liebe (in dem genannten Sinne) fähig ist, nur wer eine Beziehung zu den Wirkkräften seiner eigenen Psyche herzustellen vermag, ist auch in der Lage, Nächstenliebe zu üben. Der mit sich uneins lebende, dissoziierte Mensch stellt auch für die Gemeinschaft eine Belastung dar. Umgekehrt gilt: Nächstenliebe und Beziehungsfähigkeit ist ein Prüfstein dafür, daß die Beziehung zum eigenen Selbst gewachsen ist. In der Nächstenliebe und in der Zuwendung muß das am eigenen Selbst Erfahrene fruchtbar werden.

Beginnen wir bei einer wenig belangvoll scheinenden Äußerlichkeit der Jungschen Psychotherapie, nämlich damit, in welcher äußeren Haltung Arzt und Patient miteinander kommunizieren. Es ist die Grundhaltung eines partnerschaftlichen Gegenübertretens. Diese Partnerschaftlichkeit, die im Gegenübersitzen Aug in Aug dargelebt wird, kann – zumindest prinzipiell – der schon legendär gewordenen Couch des Psychoanalytikers entraten. Partnerschaft meint Teilhabe. Analysand *und* Analytiker (sofern diese Bezeichnungen durch die obigen Ausführungen zum Aspekt der Psychosynthese noch uneingeschränkt anwendbar sind) nehmen an ein und demselben je schicksalhaft einzigartigen Geschehen teil. Das tun zwar beide aus ihrer individuellen Situation und aus ihrer Rollenposition heraus – der eine, indem er beispielsweise die Hervorbringungen seines Unbewußten (Träume, Einfälle, Gedankenverbindungen u. ä.) schildert; der andere, indem er, Stimmungsmomente feststellend, Zusammenhänge mit der Alltagswirklichkeit klärend, zurückfragt, Hilfen zum Verstehen und zum Verarbeiten der Produktionen aus dem Unbewußten anbietet. Aber beide erleben ein und denselben Prozeß. Für beide ist es das Abenteuer eines gemeinsamen Weges, der von jedem der beiden Partner in einem wechselseitigen Aufeinanderangewiesensein gegangen werden muß. Der Ausgang ist ungewiß. Der Analytiker hat nicht einmal ein klares Vorherwissen von dem, was den Partnern zu einem unbekannten Zeitpunkt unterwegs begegnen mag. Als Wegführer weiß der Analytiker bestenfalls, wie vor auftretenden Hindernissen oder bei etwaigen Gefahren zu handeln ist. Die Situation ist offen. Von entscheidender Wichtigkeit ist es nun, daß sich so etwas wie ein seelisches Kraftfeld der Beziehung zwischen den beiden Partnern aufbaut. In der Terminologie Martin Bubers, des dialogischen Denkers, könnte man es die Sphäre des «Zwischen» nennen, das, Beziehung stiftend und doch Distanz haltend, sich zwischen den Polen von «Ich» und «Du» konstelliert. Der Analytiker, der sich – wie der Analysand – zu gemeinsamer Arbeit entschlossen hat, kann sich bezüglich der Anteilnahme an der therapeutischen Aufgabe nicht vorenthalten. Er wird buchstäblich der «Nächste» demgegenüber, der sich seiner Wegführung anvertraut. Wirkende Anteilnahme läßt sich nicht mimen. Der Analytiker wird in eben dem Maße Mitbetroffener, in dem der Analysand ein Mithandelnder, also im Rahmen seiner Möglichkeiten mit aktiv wird.

Was das wechselseitige Geben und Nehmen im seelischen Bereich anlangt, so spricht die Tiefenpsychologie vom Tatbestand der Übertragung und der Gegenübertragung. Dieser Vorgang spielt in jeder tiefergehenden Analyse eine bedeutende Rolle, da es notwendig ist, daß der Arzt in eine Beziehung zu der im psychologischen Entwicklungsprozeß befindlichen Person tritt und daß umgekehrt auch vom Analysanden her eine solche, in ihrem Wesen freilich erst zu durchschauende Beziehung zum Therapeuten zustande kommt.[94]

Gefühle der Sympathie oder der Antipathie, der Liebe oder des Hasses werden «übertragen», wo immer Menschen miteinander zu tun haben. Doch das sind in der Regel unbewußt vollzogene, unbewußt bleibende Vorgänge, also Projektionen, die auf den jeweiligen Partner übertragen werden. Jeder aufmerksame Beobachter des gesellschaftlich-politischen Lebens weiß, daß auch und gerade kollektive gesellschaftliche Größen, ganze Völker vor allem negative Übertragungen produzieren und damit dazu beitragen, eine negativ geladene Atmosphäre zu schaffen. Eine soziale Psychotherapie, die in das gesellschaftliche Miteinander auf dieser Ebene hineinwirkt, gibt es offenbar noch nicht.
Die Tiefenpsychologie wird zu einem hilfreichen, Kommunikation ermöglichenden Faktor im zwischenmenschlichen Beziehungsfeld, indem sie diese unbewußten Projektionsmechanismen aufklären und auflösen hilft. Wo derartige Projektionen in ihrer psychischen Bedingtheit durchschaut und auf Grund der Einsicht in ihre Struktur schrittweise zurückgenommen werden – wir berührten diese Aufgabe im Zusammenhang der Schatten-Phänomene –, da wird echte Ich-Du-Beziehung erst möglich. Es werden dann auch oberflächliche Sympathie-Projektionen als das gesehen, was sie sind und was sie nicht sein können: Solche Projektionen müssen keinesfalls Ausdruck wesenhafter Liebe und selbstloser Zuwendung sein, sie können eben auch ganz anders motiviert sein.
Fortschritte auf dem Weg der Individuation führen andererseits nicht in die Selbstisolation hinein, sondern sie tragen dazu bei, daß ein in seiner «Ich-Einsamkeit» (F. Ebner) selbstverschlossener Mensch für die Begegnung bereit wird. Aus einer anlagebedingten Introvertiertheit wird jedoch nicht einfach eine Extraversion. Umgekehrt ist ja keineswegs gesagt, daß der Extravertierte allein schon wegen seiner «Umgänglichkeit» oder «Leutseligkeit» ein beziehungsfähiger Mensch sein müsse. Unter der Maske seines Auftretens kann sich sehr wohl ein raffiniert verhüllter

Egoismus verbergen. Auch hier stellt sich eine nicht zu unterschätzende Erkenntnisarbeit als Aufgabe.
Das Christus-Wort: Liebe deine Nächsten wie dich selbst! – ist beiden gesagt, dem Introvertierten wie dem Extravertierten. Der vollen Zuwendung ist jedoch nur fähig, wer im Blick auf Christus, den Prototypus des Selbst, sein wahres Selbst gefunden hat, sein wahres Selbst zu suchen bereit ist. Das biblisch-archetypische Bild, das hier existentielle Bedeutung erlangt, ist das Symbol der Türe. Christus sagt: Ich bin die Tür – zu den Menschen (Joh. 10). Friedrich Rittelmeyer, der in seinen Ratschlägen für die Meditation der johanneischen Ich-bin-Worte auch das Wort von der Tür behandelt, gibt dort zu bedenken: «Man handelt im Sinn Christi und alles höheren Lebens, wenn man wirklich Christus als die Türe aufrichtet, durch die hindurch man immer in Gedanken zu dem andern Menschen geht. Das ist, wie wenn man eine Sphäre der reinsten Selbstlosigkeit zwischen sich und den andern legt und sich nur erlaubt durch diese Sphäre hindurch zu ihm zu gehen, mit ihm zu sprechen, ja an ihn nur überhaupt zu denken... Bald wird uns dann ein tiefes Verständnis aufgehen für das Christuswort, das Christus gerade auch an derselben Stelle spricht: Alle, die nicht durch diese Türe gehen, sind Diebe und Räuber. Immer mehr werden wir uns ganz wirklich wie Einbrecher vorkommen, wenn wir mit selbstsüchtigen Wünschen und Interessen an den andern denken.»[95]
Das Ich-Bin, das Rittelmeyer in diesem Zusammenhang ins Auge faßt, entspricht in hohem Maße dem Selbst im Sinne von Carl Gustav Jung.

# SEELISCHE HYGIENE ALS SEELSORGE AN DER EIGENEN SEELE

Eine der wesentlichsten Einsichten C. G. Jungs, die sich in eine praktische Hilfe für die Lebensgestaltung und für die Bewältigung der menschlichen Existenzprobleme ummünzen lassen, liegt zweifellos auf dem Feld einer seelischen Hygiene, die als eine Seelsorge an der eigenen Seele verstanden werden kann. Denn was hülfe es dem Menschen, wenn er die ganze Welt umgestaltete, selbst wenn er sich im Dienste einer weltweiten Nächstenliebe aufopferte, wenn es ihm gelänge, die Gesellschaft grundlegend zu verbessern, sich selbst aber von dieser Umgestaltung ausnähme!

*Alle Veränderung beginnt innen.* Sie beginnt in der Umwandlung der eigenen Wesensmitte; von da richtet sich die Aktivität nach außen: Trachtet am ersten nach dem Reich Gottes (das *in* euch ist)! In diesem Christuswort liegt zweifellos ein wichtiges Lebensgesetz verborgen. Eine Umkehrung der Reihenfolge dessen, was zu geschehen hat, ist indessen ausgeschlossen. Und äußere Regsamkeit und Engagement ersetzen nimmer die innere Wandlung.

Je mehr nun der Gegenwartsmensch von dem sehr verständlichen und an sich auch berechtigten Streben nach Erfolg fasziniert ist, je mehr ein Prestige-Denken den schon bestehenden Leistungsdruck erhöht, desto schwerer wird er den Forderungen gerecht werden, die seine eigene Psyche an ihn stellt. Es sind Anforderungen einer Wachstumstendenz, die nicht im Biologischen begründet ist, die sich gerade zu dem Zeitpunkt im Menschenleben zu äußern beginnt, in dem biologische Abbauprozesse erste Spuren hinterlassen. Wir sprechen von einem Wachstum, das überhaupt nicht als naturbedingt angesehen werden kann. Gemeint ist eine Entelechie, das heißt eine speziell dem Menschen innewohnende Entwicklungstendenz, für die die Werdevorgänge in der Natur bestenfalls als Analogien für etwas genommen werden können, das die naturhaft-selbsttätigen Vorgänge überschreitet. Denn sobald die Stadien der ersten Lebensjahrzehnte durchlaufen sind, zeichnet sich ein Einschnitt in jedem Menschenleben ab. An der Problematik, in und nach der Mitte einer Biographie wird sichtbar, daß die natürlichen Antriebskräfte der Jugend zur Neige gehen und die weitere Lebensführung nun von jedem Einzelnen entschlossen in die Hand genommen werden muß. Das ist aber nur aufgrund einer Neuorientierung möglich, bei der die Leitbilder, Zielvorstellungen und Leistungsnormen, mit denen man sich in der ersten Lebenshälfte vertraut gemacht hat, eine Wandlung erfahren müssen.

Wie schwer diese Einsicht heute in der «modernen Gesellschaft» fällt, zeigt sich einerseits in der Überbetonung der jugendlichen Lebensform auf nahezu allen Gebieten unserer Zivilisation, andererseits in dem Verlangen, diese jugendlich-wachstümliche Lebensphase so weit als irgend möglich zu verlängern. Vielfach stehen auch die an sich begrüßenswerten Aktivitäten, die dem alten Menschen gelten, unter diesem fragwürdigen Vorzeichen. Aber der Schwellenübertritt erfolgt, wie gesagt, um die Lebensmitte, also etwa Ende der Dreißigerjahre. «Je mehr man sich der Lebensmitte nähert und je mehr es einem gelungen ist, sich in seiner persönlichen Einstellung und sozialen Lage zu festigen, desto mehr will es einem scheinen, daß man den richtigen Lauf des Lebens und die richtigen Ideale und Prinzipien des Verhaltens entdeckt habe. Darum setzt man dann ihre ewige Gültigkeit voraus und macht sich eine Tugend daraus, an ihnen auf immer hängen zu bleiben. Man übersieht dabei die eine wesentliche Tatsache, daß die Errichtung des sozialen Zieles auf Kosten der Totalität der Persönlichkeit erfolgt. Vieles, allzuvieles: Leben, das auch hätte gelebt werden können, blieb vielleicht in den Rumpel-

kammern verstaubter Erinnerung liegen, manchmal sind es auch glühende Kohlen unter grauer Asche...»[96]
Angesichts dieser Tatbestände, die sich teils in Anpassungsschwierigkeiten an die besonderen Verhältnisse der zweiten Lebenshälfte, teils in depressiven und neurotischen Schwierigkeiten äußern, deren Erscheinungsbild die Psychotherapeuten zur Genüge kennen, stellt sich die Frage nach der Vorbereitung auf diesen Lebensabschnitt. Wie sieht die Hilfe aus, die die christliche Botschaft geben könnte, geben müßte?
C. G. Jung hat einmal darauf hingewiesen, daß selbst kluge und in anderer Hinsicht gebildete Menschen von den psychischen Wandlungsvorgängen der Lebensmitte nicht nur nichts wissen, sondern daß sie wie die allermeisten gänzlich unvorbereitet in die zweite Lebenshälfte eintreten. Es sollte eigentlich «Schulen für Vierzigjährige» geben. Es versteht sich, daß damit nicht eigens zu errichtende Institutionen gemeint sind. Die Forderung deutet vielmehr auf die Notwendigkeit einer inneren Neuorientierung der Lebenseinstellung überhaupt. Sie ist spätestens seit dem Zeitpunkt angezeigt, mit dem das Jugendalter als ein Geschenk eigener Art erkannt wurde und in dem man aufhörte, das Kind oder den Jugendlichen als einen «noch nicht Erwachsenen» abzuwerten. So wie wir gehalten sind, die Menschheitsgeschichte als einen großen Entfaltungsprozess des menschlichen Bewußtseins und der Selbstverwirklichung zu sehen, so tut es not, die einzelnen Stadien eines individuellen Lebenslaufs neu zu bewerten. C. G. Jung argumentiert so:
«Der Mensch würde gewiß keine siebzig und achtzig Jahre alt, wenn diese Langlebigkeit dem Sinn seiner Spezies nicht entspräche. Deshalb muß auch sein Lebensnachmittag eigenen Sinn und Zweck besitzen und kann nicht bloß ein klägliches Anhängsel des Vormittags sein.»[97]
Und was jene «Schulen für Vierzigjährige», das heißt für die problematische Übergangsphase um die Lebensmitte anlangt, so scheinen diese früher nicht nötig gewesen zu

sein, damals nämlich, als die Religionen noch stark genug waren, eine alle Lebensabschnitte umspannende Lebenshilfe zu bieten. Und diese Lebenshilfe umfaßte die Vorbereitung auf Tod und Ewigkeit. Ein Leben, das aus Gottes Hand kommt, in Gottes Hand geht, lebend, sterbend in Gottes Hand ruht, ist sicher ganz anders qualifiziert als ein Menschenleben, das in weitgehender «Emanzipation» und Entfernung von dem Grund allen Lebens geführt wird.

Nun ist jenes Emanzipationsgeschehen des sich autonom setzenden Menschen nicht rückgängig zu machen, selbst wenn das jemand wollte. Ein derartiger Rückschritt bedeutete die Preisgabe der Eigenständigkeit des menschlichen Ich als einer selbstverantwortlichen Persönlichkeit. Dieses Ich-Bewußtsein wurde gerade im Zuge der großen Extraversion gewonnen, mit der sich die abendländische Menschheit die Erde untertan gemacht hat. Die Neuorientierung kann demzufolge nur in voller Bejahung des zurückgelegten Menschheitswegs gewagt werden. Gerade dieser zu sich selbst gekommene Mensch ist es, der die Gestaltung seines Lebens von nun an selbst in die Hand nehmen kann und soll. Ein Schoßkind der Natur oder der sie lenkenden Götter wäre dazu gar nicht fähig.

Die Analogie zwischen der Menschheitsentwicklung und dem Reifungsvorgang im Leben eines Einzelnen drängt sich auf: Der ersten Lebenshälfte entspricht jene Menschheitsvergangenheit, in der der Einzelne, eingebunden in die Ordnungen der Gesellschaft, der völkischen und rassischen Zusammenhänge, um seinen Lebensweg und seine Zukunft nicht besorgt sein mußte, weil das Kollektiv, ja «die Götter» selbst seine Geschicke lenkten. Diese Phase ist für den individuellen Menschen abgelaufen, wenn er um die Lebensmitte, auf der Schwelle der «Neuzeit» seines eigenen, nun selbst zu verantwortenden Lebens steht. Der Einzelne kann nun nicht mehr darauf bauen, daß andere – Eltern, Lehrer, Ausbilder – ihm den Weg ins Leben bahnen; er muß das selbst tun. Und dieser Weg verläuft nicht mehr ausschließlich unter Gesichtspunkten, wie sie durch die Begründung einer wirtschaftlichen und gesellschaftlichen Existenz, durch die Begegnung mit dem anderen Geschlecht und durch die Begründung einer Familie bestimmt sind; dieser Weg bekommt eine deutliche *Wendung nach innen*. Mit der Frage nach dem Sinn ergibt sich die Notwendigkeit eines Ausgleichs zwischen «innen» und «außen», zwischen dem Bewußtsein und den Wirkkräften aus dem Unbewußten. Es ist nicht zuletzt die Zeit, in der die archetypischen Bilder, die in ihnen aufgehobene religiöse Wirklichkeit zur Geltung kommen, indem sie bestimmte Ansprüche an das bewußte Leben stellen.

Damit haben wir den Punkt bezeichnet, an dem die Analytische Psychologie in besonderer Weise mit dem Evangelium und dem Ruf Christi zur Umkehr (Metanoia) in Berührung kommt. Denn nachdem die Religionen, auch das kirchliche Christentum, ihre frühe Bedeutung eingebüßt haben und damit ihre Führungs- und Prägekraft, ist einerseits dem Psychotherapeuten die Funktion zugefallen, die einst der Seelsorger mitzuerfüllen hatte; andererseits hat im Westen die asiatische Spiritualität eine starke Faszination zu entfalten begonnen. Darin wird man keine Modeerscheinung sehen dürfen. Es sind vielmehr eben jene urtümlichen Bilder und Symbole, von denen sich «die Menschen der zweiten Lebenshälfte» – kollektiv und individuell verstanden! – nach dem suchen, was sie in der angestammten Religion zu vermissen meinen. Doch mit dieser östlich gestimmten geistig-seelischen Hygiene und mit dieser Seelsorge an der eigenen Seele kommt ein besonderes Problem auf die Christenheit zu. An dieser Stelle sei nur daran erinnert, daß C.G. Jung einen Weg weist, der zwar keinen Verzicht auf die west-östliche Begegnung bedeutet, der aber aufs ganze gesehen als ein Weg zur Begegnung mit Christus angesehen werden kann. Und dieser Weg ist wesentlich ein Weg, der im Zeichen der Umkehr und der Wandlung steht.

# LEBEN IM ZEICHEN DER WANDLUNG

Das Christentum verdankt einem einzigartigen, in einem geschichtlichen Augenblick empfangenen Impuls seine Entstehung. Gemäß dem Zeugnis des Neuen Testaments handelt es sich um die Ausgießung des Heiligen Geistes, durch den Menschen in der Tiefe ihres Wesens ergriffen und gewandelt werden. So darf das Christentum nicht als ein unveränderlicher Zustand aufgefaßt werden, der lediglich Mal um Mal zu restaurieren, zu reformieren und auf seine ehemalige Form zurückzuführen wäre. Das Christentum ist entgegen allen andersartigen Erscheinungsweisen ein *fortschreitender Prozeß* wie der Mensch selbst; denn: «Es ist noch nicht erschienen, was wir sein werden!»

Es ist in einem hohen Maße das Verdienst C. G. Jungs, diese urchristliche, von der Parusie, der Wiederkunftserwartung, gespeiste Gewißheit der ersten Christenheit aufs neue zugänglich gemacht zu haben.

Was das heißt und was das praktisch bedeutet, läßt sich daran ermessen, daß die Christenheit auch in der Folge von Geschichtsabschnitten, die durch dogmatische Festlegungen oder durch orthodoxe Erstarrungen geprägt waren, so etwas wie spirituelle, esoterische Unterströmungen aufwies, in denen Einzelne oder kleine Gruppen eine besondere Form des religiösen Lebens pflegten: eine meditative Gestalt der Frömmigkeit, eine Aktivierung des Gefühls- und des Willenlebens, eine besondere Wertschätzung der religiösen Erfahrung, die auf Erweckung oder auf Bekehrung besonderen Wert legte. Nicht selten haben solche Bewegungen den engen Zirkel einer «ecclesioloa in ecclesia» (eines Kirchleins in der Kirche) durchbrochen und sind zum Ferment für die übrige Christenheit geworden. Man denke nur an die Aufbrüche, die beispielsweise vom Pietismus im 18., von der Erweckungsbewegung im Europa des 19. Jahrhunderts für die Mission nach innen und nach außen ergiebig geworden sind. Wenn solche Bewegungen ins Zwielicht gerieten und als unzeitgemäß erschienen sind, so ist das nicht zuletzt auf die Tatsache zurückzuführen, daß sich eine geistliche Bewegung letztlich nicht institutionalisieren oder für spätere Generationen beliebig konservieren läßt, um dann «wiederholt» zu werden. Dergleichen verhält sich zum Ursprünglichen wie die Kopie zum Original, das sich jeglicher «Neuauflage» widersetzt.

Das Problem liegt oftmals darin, daß sich die Vorbilder von einst nicht einfach nachahmen lassen. Gleichwohl muß zugegeben werden, daß Gnostiker, Mystiker, Theosophen, Pietisten kurz: Menschen mit eigener religiöser Erfahrung auf eine je individuelle Begegnung mit Gott oder mit Christus verweisen konnten. Wer einerseits zugibt, daß legitimerweise kein Weg zu den Erfahrungen von einst zurückführt, und wer andererseits nur eine kritische, das heißt auf die Denkfunktion reduzierte Verwirklichung des Christlichen gelten läßt, die allenfalls durch revolutionäre Denk- und Handlungsmodelle angereichert sein mag, der verschließt sich letztlich gegenüber jener Dimension des Religiösen, ohne die das Christentum in seiner Gesamtheit und jeder Einzelne geistlich verdorren müßte.

Auf dem Wege einer Seelenführung, die mit dem Wesen der Wandlung vertraut macht und die dem Menschen bei seinem Erleben der Wirklichkeit wie ein Wegführer die nötigen Erkenntnishilfen bietet, erfüllt die Jungsche Psychologie und Therapie eine wichtige Aufgabe. Dabei kann es fürs erste gleichgültig sein, ob dieses Geleit als christlich-religiös bedeutsam angesprochen werden kann oder nicht.

Wesentlich ist, daß menschliche Existenz im allgemeinen, christliche Existenz im besonderen überhaupt erst als ein *Weg* erkannt, man muß sagen: als Weg wiedererkannt wird.

Die Gleichsetzung christlicher Verkündigung, ja selbst die Gleichsetzung des Gottesdienstes (im Protestantismus) mit Predigt und «Sonntagsschule» hat ganz vergessen lassen, daß der Christ nicht nur in moralischer Hinsicht, sondern auch im Hinblick auf die Ausreifung seiner Gesamtpersönlichkeit entwicklungsbedürftig und entwicklungsfähig ist. Die Wiederentdeckung der Meditation als Weg der «Innerung» (Friso Melzer) unterstreicht den hier gemeinten Weg-Charakter des Christenlebens. Sie macht auf ihre Weise mit bestimmten Weg-Erfahrungen bekannt, von der man in einem buchstäblich schulmäßigen Christentum nichts «weiß».

Was die Seelenführung in der Psychotherapie betrifft, so ergibt sie sich in einer doppelten Hinsicht: Das, was sich etwa in der psychotherapeutischen Traumarbeit zeigt, was einem «aufgeht», wessen man «inne wird», das soll in freier Entscheidung dem zu lebenden Leben eingefügt, buchstäblich «inkarniert» werden. Die Schau ohne die Verwirklichung ist tot, sie bleibt ohne Frucht. – Andererseits stellt sich unabweisbar die Frage nach dem Sinn. Es ist die Frage nach letzten und tiefsten Zusammenhängen. Mit der bloßen Beseitigung von Beschwerden, so hilfreich derlei Heilungserfolge sein werden, oder durch die erzielte Anpassungsfähigkeit des Patienten an die ihm im Alltag zugewiesene Rolle ist die Frage des Menschen noch lange nicht beantwortet. Gustav Richard Heyer gab den diesbezüglichen Hinweis:

«Wo es sich um die tieferen Aufgaben innerer Entwicklung, um die eigentliche Sinnfindung, die Hintergründe und höheren Ziele des menschlichen Lebens handelt, also um metaphysisch-religiöse Fragen, ist Jung der bislang unerreichte Meister.»[98] Freilich, nicht darum kann es uns gehen, einem «Meister» zu huldigen. Man wird Jungs Intentionen wohl am ehesten gerecht, wenn man seine Anregungen am jeweiligen Ort fruchtbar macht, indem man die «Symbole der Wandlung» (vgl. Jungs gleichnamiges Werk) zu sich sprechen läßt und auf dem Individuationsweg die nötigen Impulse empfängt. Da im Zusammenhang unserer Frage nach den Elementen für eine Tiefentheologie bereits davon gesprochen worden ist, werden wir uns die Frage nach Jungs Beitrag für eine tiefenpsychologische Schriftauslegung zu stellen haben, die gerade dadurch an Bedeutung gewinnt, daß das Thema der Wandlung aufs neue anklingt.

# ANALYTISCHE PSYCHOLOGIE
# IM DIENSTE DER BIBELAUSLEGUNG

«Kann Christus heute überhaupt noch interpretiert werden? Oder muß man sich mit der historischen Deutung begnügen?»[99]

Diese – wie er es selbst nennt – «große Frage» ist es, die Jung nicht allein in seinem späten Werk «Antwort auf Hiob» aufgeworfen hat. Jung hat sich vielmehr lebenslang diese Frage gestellt, auch wenn die therapeutische Aufgabenstellung und ihr entsprechende Erkenntnisbemühungen im Vordergrund standen. Diese Frage wurde ihm oft gestellt, und er mußte eine Antwort darauf finden. Letztlich ist die archetypische Psychologie in ihrem ganzen Ausmaß *seine* individuelle und zugleich allgemein gültige Antwort auf diese stets aktuelle Frage der Christenheit. Was Jung einmal von der Alchymie gesagt hat, das trifft für ihn selbst zu: Er gibt uns «einen deutlichen Begriff davon, was Christus in der subjektiven Erfahrung bedeutet und unter was für Hüllen täuschender und erleuchtender Natur seine wirkende Gegenwart in ihrer transzendenten Unerfaßlichkeit erlebt wird.»[100] Von daher sah er sich legitimiert, die Analytische Psychologie bzw. die Psychologie des Unbewußten als eine «Rezeptionserscheinung des Christus-Logos» in heutiger Zeit zu erkennen.

Insoweit die Jungsche Psychologie in den Dienst der Bibelauslegung gestellt werden und für die religiöse Selbsterfahrung fruchtbar gemacht werden kann, hat der Verfasser an anderem Ort zu diesem Thema Stellung genommen, Möglichkeiten und Grenzen eines solchen Vorgehens aufgezeigt und anhand ausgewählter Abschnitte aus dem Johannesevangelium die Methode einer tiefenpsychologischen Bibelinterpretation erprobt.[101] Im vorstehenden Abschnitt können wir uns daher auf einige grundlegende Gesichtspunkte beschränken. Demnach – dies sei vorweg angemerkt – kann Jungs besorgte Frage voll und uneingeschränkt bejaht werden. Bibelinterpretation ist von seiner Sicht und unter Zuhilfenahme seiner Einsichten nicht nur möglich, sondern sie ist nötig. Von der mutmaßlichen Beschränkung auf eine «historische Deutung» muß jedenfalls solange nicht die Rede sein, solange das von Jung vermittelte Wissen um die archetypische Bildwelt genutzt wird.

Seitdem es eine tiefenpsychologische Forschung und Praxis gibt, wird die Bibel Alten und Neuen Testaments neben anderen Dokumenten der Religions- und Geistesgeschichte herangezogen, um als Belege, gegebenenfalls als Interpretationshilfen für den Analytiker zu dienen. Das trifft für den Psychotherapeuten im allgemeinen, für den Analytiker Jungscher Prägung im besonderen zu, und zwar zunächst unabhängig von der weltanschaulich-religiösen Einstellung des betreffenden Therapeuten. Sie darf in keinem Fall für irgendwelche «missionarische» Zwecke mißbraucht werden.

Schon von seinem speziellen Auftrag her versteht es sich, daß der Psychologe mit anderen Augen als der Theologe die Bildgehalte religiöser Überlieferung anschaut und mit anderen Ohren als der Prediger oder Seelsorger den Anspruch des geoffenbarten bzw. inspirierten Wortes vernimmt, ganz zu schweigen von der etwaigen glaubensmäßigen Einstellung da und dort. Hier muß die Feststellung genügen, daß in der psychotherapeutischen Praxis ähnlich motivierte Hervorbringungen des Unbewußten (Träume, Gedankenverbindungen, Phantasien und dergleichen) durch gleichgerichtete Bilder angereichert werden. C. G. Jung spricht dabei von der sogenannten Amplifikation. Diese Anreicherung erfolgt im Rahmen einer synthetischen Behandlung, von der bereits die Rede war. Auf diese Weise wird es möglich, Produktionen des Unbewußten, vor allem rätsel-

hafte Einzelmotive zu erhellen und damit ihre Sinnhaltigkeit zu erschließen. Diese Maßnahme ist schon deshalb nötig, weil Bilder und Symbole des kollektiven, somit überindividuellen Unbewußten von den persönlichen Erfahrungen des Menschen allein nicht verstanden werden können.
Es versteht sich, daß dieses Verfahren zunächst auf den psychotherapeutischen Sektor beschränkt bleibt, also auf jenen dialogischen Vorgang, der zwischen Analytiker und Analysand abläuft. Und dennoch ist es verwunderlich, daß die Theologie von sich aus den hier liegenden Möglichkeiten für die Bibelauslegung bisher noch wenig Aufmerksamkeit geschenkt hat. Immerhin mehren sich die Ansätze, die auf einen Wandel hinweisen.[102] Von einem Erkenntnisdurchbruch oder von einer allgemeinen Anerkennung dessen, was die Tiefenpsychologie für die Bibelexegese zu leisten vermag, kann jedoch kaum die Rede sein. Das Interesse zahlreicher Theologen an der Analytischen Psychologie wächst, vor allem auf katholischer Seite.
Freilich besteht immer noch ein eingestandenes oder auch ein uneingestandenes Mißtrauen der Tiefenpsychologie gegenüber, als könne auf diesem Wege das Herzstück der biblischen Botschaft psychologisch überfremdet oder gar verfälscht werden. Dabei geht es Jung letztlich gerade darum, die religiöse Dimension der Psyche bewußt zu machen und die «Rezeption der Christusmacht in der Tiefe der seelischen Gründe» zu fördern. «Es handelt sich hierbei sozusagen um eine Fortsetzung ‹des historischen Rezeptionsprozesses›. Während dieser in Bekenntnissen, Theologien, Christusanschauungen usw. vor uns steht, wird nun aufgedeckt, einerseits, was solche Rezeption an der unbewußten Tiefe der Seele getan hat, andererseits, wie die Tiefe, ständig weiter amplifizierend, ihre Möglichkeiten jener Aufnahme darbietet. Es wird deutlich, wie die ‹Assimilation und Integration Christi in die menschliche Seele› hinein vor sich gegangen ist oder wie und auf welchem ‹Wege Christus zum inneren Erlebnis, zum Christus in uns

wurde› und wird. Ohne diese «Fleischwerdung› in der ‹psychischen Matrix› bleibt aber alle Christusbegegnung ganz offensichtlich, theologisch gewendet, reine noticia historica (historische Aufzeichnung und Überlieferung), das heißt Kenntnis und Formel, nie aber existentielle Tiefenerfahrung, gewurzeltes Leben oder schöpferische Seinsmacht.»[103]

Was die Skepsis im Verhältnis von Theologie und Psychologie anlangt, so wäre in unserem Fall auch von der Seite der Tiefenpsychologie her eine Befürchtung denkbar. Sie könnte sich etwa in dem Verdacht äußern, daß die ursprüngliche psychologische und psychotherapeutische Aufgabe mit theologischer Fracht überbelastet würde. Träfe das zu, so läge beide Male eine illegitime Grenzüberschreitung vor. Angesichts dieser und ähnlicher Bedenken stellt sich die Frage, inwiefern Einsichten der Analytischen Psychologie in den Dienst der Bibelauslegung gestellt werden können.

In einer Hinsicht wird diese Frage gewiß verneint werden sollen: Es kann nicht darum gehen, die Gestalten der biblischen Geschichte gleichsam im nachhinein einer Analyse zu unterziehen, als hätten die Männer und Frauen der Bibel um eine moderne psychotherapeutische Behandlung nachgesucht. Und sollte sich der Bibelausleger hin und wieder beim Psychologen psychologischer Gesetzmäßigkeiten wegen Rat holen, um etwa die Reaktions- und Verhaltensweisen historischer Gestalten besser zu verstehen, so kann es sich dabei doch nur um sehr vorläufige Fragestellungen handeln, die allein den Historiker bewegen, deren Beantwortung aber für den allgemeinen Bibelleser wenig austrägt. Die eigentliche, die heute und hier aktuelle Frage besteht eben nicht darin, das Seelenleben der Apostel und Propheten zu beleuchten. Dergleichen wäre allein schon von der Art der Überlieferung des Evangeliums, des «Lebens Jesu» usw. problematisch. Nicht historische Figuren, sondern *wir selbst* sind gemeint.

Bei der tiefenpsychologischen Interpretation der Bibel kann es folglich nicht darum gehen, die Psychologie um historischer Fragestellungen willen zu bemühen. Es ist uns vielmehr darum zu tun, das Wort des Evangeliums zu *uns* sprechen zu lassen. In dem Spiegel der bisweilen dunklen Worte suchen wir uns selbst zu sehen. Mehr noch: Auf dem Weg der Wandlung, den die Evangelisten die «Nachfolge Christi» nennen, gilt es Fortschritte zu machen. «Metanoeite» – ändert euren Sinn! –, das ist auch der Ruf, mit dem Jesus seine öffentliche Wirksamkeit beginnt (Mark. 1,15). Und die Tiefenpsychologie kann dem Bibelausleger schon deshalb nicht gleichgültig sein, weil es in der christlichen Botschaft weder um eine nur an den Intellekt gerichtete theologische Lehre noch um die bloße Übernahme äußerer Bekenntnisse geht. «Metanoia» meint vielmehr eine ins Wesensgefüge des Menschens eingreifende Wandlung und Reifung. Niemand wird leugnen wollen, daß Prozeß und Resultat dieser Wandlung auch eine psychische Tatsache ist, bei der der psychologisch Erfahrene ein gewichtiges Wort mitzureden hat.

Damit dürfte abermals ein wichtiger Korrespondenzpunkt für den Theologen wie für den Psychologen bezeichnet sein, und zwar insofern beide sich nicht auf bloßes Analysieren von anthropologischen Tatbeständen beschränken wollen, sondern insofern beide einen Weg vor sich sehen, der beschritten werden kann und auf dem Menschen Führung und Geleit erwarten dürfen, sei es durch Therapie, sei es durch Seelsorge, sei es durch Menschenführung im weiteren Sinn des Wortes. Von entscheidender Wichtigkeit wird es sein, daß beide von dem Ziel wissen, von dem her dieser zu beschreitende Weg, das menschliche Leben überhaupt, sinnvoll wird. Und wie wir gesehen haben, erfüllt die Analytische Psychologie eine wichtige Voraussetzung, indem sie nicht allein nach früher empfangenen Prägungen oder Erfahrungen der Psyche fragt, sondern auf ein Telos (Ziel, Vollendung) von Mensch und Menschheit hinarbeitet.

Im Blick auf die Korrespondenzpunkte zwischen Theologie und Tiefenpsychologie seien zwei Momente angeführt: da ist zunächst zu betonen, daß eine tiefenpsychologische Bibelauslegung – oder wie immer man dergleichen nennen will – nicht in der Absicht geschehen kann, die bisher geübten und bewährten Methoden der Bibelforschung überflüssig zu machen. Sie werden vielmehr als unerläßliche Hilfen vorausgesetzt. Es wird daher weiterhin nötig sein, den Philologen, den Religionsgeschichtler und den Literarhistoriker beizuziehen oder bibelhermeneutische Einsichten zu verwerten. Was die Tiefenpsychologie beanpsruchen kann, das ist, daß ihr Wissen um die Wirklichkeit der Seele, um die Realität dessen, was in den Symbolen, in der Sprache der Religion und des Mythos, in der imaginativen Sprache aufgehoben ist, ebenso beachtet wird, wie es der heutige Leser der Schrift und Hörer des Wortes nötig hat. Das ist das eine. –

Das andere Moment liegt in der Art und Weise des Umgangs mit dem Bibelwort begründet. Diese Weise des Umgangs ergibt sich eigentlich schon aus dem Gesagten. Denn Worte sind dazu da, gehört zu werden. Und Bilder sind dazu da, angeschaut zu werden. Worte und Bilder enthalten eine sinntragende Botschaft, die sich Mal um Mal mitteilt. Sie ist auch Mal um Mal in die Situation hineinzusprechen, und zwar eben nicht nur in die soziale, gesellschaftliche Situation hinein, wie es die situationsbezogene Verkündigung heute ohnehin auf vielfältige Weise versucht. Jedenfalls erschließt sich diese Botschaft nicht bereits dadurch, daß man sie auf einige theologische «daß»-Sätze reduziert oder in einige gerade gängige polittheologische Parolen ummünzt. Um des Wortes in den Wörtern inne zu werden, ist eine sehr alte, aufs neue zu übende Praxis der Christenheit angezeigt: die *Meditation*. In unserem Zusammenhang meinen wir die Übung eines hinhörenden und anschauenden Lesens der Bibel. Dabei könnte sich ganz praktisch zeigen, was es heißt, im religiösen Leben die Anima zu realisieren und zu aktivieren. (Wir sprachen davon, als die Erhebung des Weiblichen im Christentum zu erörtern war.)

Die meditative Übung wird bereits eine Metanoia, ein Umdenken, erforderlich machen. Da Meditation vom praktischen Vollzug abhängt, fallen die Entscheidungen nicht auf dem Feld theoretischer Argumentation über die Meditation, sondern auf dem der Eigenerfahrung. Buchstäblich geht es um eine Änderung der Denkgewohnheiten. Denn nicht das, was *ich* als Bibelleser theologisch zu wissen meine – jeder blickt bekanntlich durch eine unbewußte theologische Brille! – und nicht was *ich* über einen Text zu sagen habe, ist maßgeblich, sondern allein, was der jeweilige Bibelabschnitt *mir* sagt, das heißt, was mir an ihm «aufgeht». Und eben dazu ist eine meditative Grundhaltung erforderlich, die «normalerweise» nicht auf dem Weg wissenschaftlicher Untersuchung und analysierender Textbetrachtung eingenommen wird. Dem Meditierenden geht es ohnehin nicht um einen «Text». Seine Arbeit liegt wesentlich darin, daß er das literarische Material umschmilzt, indem er auf «das Wort in den Wörtern» (K. Barth) acht hat und indem er sich in den Stand versetzt, anzuschauen, anzuhören, der Anrede standzuhalten und mit dem biblisch-spirituellen Lebensgut zu kommunizieren. Ein Wandlungs- und Kommunikationsvorgang ist die Meditation, von der wir hier sprechen.

Existentiell ausgedrückt: Als betrachtender Bibelleser hätte ich alle meine Aufmerksamkeit darauf zu richten, daß letztlich immer von *mir* die Rede ist, von meiner Heillosigkeit, von der Blindheit meiner Augen, von der Unfähigkeit, durch bloße im Bewußtsein verankerte Willensentschlüsse ein neuer Mensch zu werden, von meinem Irren und Scheitern. Gleichzeitig aber sollte ich mich auch dafür offen halten, daß mir in den biblischen Wortlauten ein *Weg* gezeigt wird. Die Erleuchtungskraft des Wortes wird mir zugesprochen, nicht als ein «frommer Wunsch», sondern als eine Tatwirkung. Aus dieser Begegnung mit dem Wort gehe ich bereichert hervor, sofern ich als ein Erwartender, Hoffender, zum Empfang Bereiter in die Begegnung hineingehe. Hier tritt die erste Seligpreisung Christi von den «geistlich Armen» (Matth. 5) in Kraft, deren Hände leer genug und offen genug für die charismatische Gabe sind. Und wo ich bisher nur Niedergangserscheinungen oder Abbauprozesse zu sehen vermochte, etwa auch am Beginn und im Laufe der zweiten Lebenshälfte, da gilt es auf diesem Weg die Stationen eines Reifungsprozesses zu durchschreiten.

Eben darauf, daß ich die Worte Christi, das Evangelium in seiner Gesamtheit als eine unmittelbare Anrede zu erfahren vermag, habe ich zu achten, und darauf, daß die Bilder, die Gleichnisse und Symbole für mein individuelles Schicksal, für meinen sozialen und zwischenmenschlichen Bezug transparent werden können, damit ich der frohmachenden Botschaft inne zu werden vermag. Eine äußere Imitation der Lebens- und Leidungsstufen Christi, wie sie einst mit- und nacherlebend von mittelalterlichen Mystikern durchschritten worden sind, würde – bei allem Respekt vor denen, die einer solchen Imitatio «noch» fähig sind – einen geistes- und bewußtseinsgeschichtlichen Anachronismus darstellen. Am inneren Menschen änderte sich dabei nichts Wesentliches. Aber eben darauf käme es an, die Transparenz des biblischen Wortes existentiell zu *erfahren*.

Eine tiefenpsychologische Schriftauslegung ist deshalb von großer Bedeutung, weil und insofern die *Inkarnation Gottes* und die *Individuation des Menschen* aufeinander bezogen gesehen werden können. Christus als das wahre Selbst des zur Selbstwerdung bereiten Menschen läßt durch sein Leben, Sterben und Auferstehen den daran teilhaben, der sein eigenes Kreuz auf sich nimmt und ihm nachfolgt. «Das menschliche und das göttliche Leiden bilden zusammen eine Komplementarität mit kompensierendem Effekt: durch das Symbol kann der Mensch die wirkliche Bedeutung seines Leidens erkennen: Er ist auf dem Wege zur Verwirklichung seiner Ganzheit...

Das Drama des archetypischen Christuslebens beschreibt in symbolischen Bildern die Ereignisse im bewußten und im bewußtseinstranszendenten Leben des Menschen, der von seinem höheren Schicksal gewandelt wird.»[104] Die Bibelinterpretation, von der wir sprechen, kann sich daher nicht auf den bloßen Aufweis von theologischen Bedeutsamkeiten beschränken. Das hieße, allein das bewußte Leben des Menschen ansprechen. Christus tritt auch im Nachtbereich der Seele an den Menschen heran. In diesem Bereich läßt er sich von Nikodemus ebenso finden wie von seinen Jüngern, die sich mit dieser Existenzform ihres Herrn erst vertraut machen müssen; wir denken an Christi Wandeln auf dem See oder an die Erscheinung des Auferstandenen am See.

Versuchen wir eine zusammenfassende Antwort auf die Frage, welche Aufgabe die Bibelauslegung erfüllen sollte, dann ist das unter zwei Gesichtspunkten möglich: Einmal ginge es darum, einen neuen Zugang zu der für viele Menschen abgerissenen geistig-religiösen Tradition zu gewinnen und so die Kontinuität zu vertiefen, in der wir dank der Bibel darinnenstehen, ob als Christen oder doch als Menschen, die sich der geschichtlichen Prägekraft des biblischen Wortes innerhalb unserer kulturellen Überlieferung bewußt sind.

Zum anderen kommt dem hier gemeinten Bibelverständnis eine eminent gegenwärtige und zukünftige Bedeutung zu, insoweit es uns gelingt, in den Wahrworten, Gleichnisbildern und Symbolen uns selbst zu sehen als Menschen, die einen Weg der Wandlung beschreiten, jenen Weg also, den das Evangelium als den Weg Christi und der Christus-Nachfolge beschreibt, und den C. G. Jung als den Individuationsprozeß nachgezeichnet hat.

Diese beiden Gesichtspunkte, der mehr retrospektive und der bewußt prospektive, auf den Reifungsprozeß gerichtete, korrespondieren mit der tiefenpsychologisch-psychotherapeutischen Arbeit ihrem ursprünglichen Ansatz nach. Hier wie dort sehen wir – im Lichte des Menschgeworde-

nen, den wir den Christus nennen – den wahren Menschen vor uns. Es gilt, daß wir *uns in ihm* erkennen, daß wir in ihm heil werden. Wir sind ein Entwurf der Schöpfung auf Christus hin. Wir sehen unser Bild in seinem Urbild.
Wir suchen uns selbst zu erkennen und zu verwirklichen, um dieser Erkenntnis gemäß als Einzelner und als Glied in der Gemeinschaft zu handeln.

# ZUR WIEDERGEWINNUNG DES GNOSIS-PRINZIPS

Eine der kritischen Anmerkungen, die der Jungschen Psychologie entgegengebracht worden sind, ist die, C. G. Jung sei eigentlich ein «moderner Gnostiker». Durch ihn dringe teils christlich-häretisches, teils außerchristlich-heidnisches Gedankengut ins Christentum ein. Mithin leiste der Begründer der Analytischen Psychologie einer Weltanschauung Vorschub, die einst im 2. und 3. Jahrhundert die frühe Christenheit von innen wie von außen ernsthaft bedroht habe.[105]

Hinter derartigen Urteilen und Befürchtungen verbirgt sich ein leidenschaftlicher Affekt gegen die Gnosis im Christentum und damit gegen das Erkenntnisprinzip überhaupt. Hier ist nicht der Ort, zu untersuchen, welches die Motive zu den ungezählten Ketzerkreuzzügen im Laufe der Kirchengeschichte im einzelnen gewesen sein mögen und noch sind. Zu beobachten ist aber, daß die institutionelle Kirche schon von ihrer Struktur her eine unverkennbare Aversion gegen all das entwickelt zu haben scheint, was mit den vereinbarten Lehr-, Glaubens- und Sittennormen nicht in Einklang zu bringen ist. Was durch ein formuliertes Symbol (Glaubensbekenntnis; Dogma) der Kirche nicht erfaßt wird, ja was im offensichtlichen Widerspruch zu ihm tritt, das verfällt seit je der energischen Mißbilligung durch Kirchenleitungen und Konzilien aller Art. Lediglich die Formen, mit denen diese Mißbilligung artikuliert wird, wandeln sich; sie sind dem jeweiligen Zeitgeist angepaßt. Im Grundsätzlichen herrscht Übereinkunft hinsichtlich der Ablehnung dessen, was einmal als «Irrlehre» gebrandmarkt worden ist.

Von der Jungschen Psychologie her läßt sich die Häresie im allgemeinen, die Gnosis im besonderen als ein kompensatorisches Phänomen zur jeweiligen offiziellen Kirche ansehen. Was in der individuellen Psyche sich als der Schatten zu erkennen gibt, als der «dunkle Bruder» mit den negativen, nicht eingestandenen Persönlichkeitsanteilen, das findet sich im Großen, also auch in der häretischen Gnosis der Kirche, als Analogie. Wo es nicht gelingt, den Schatten als das zu durchschauen, was er eigentlich ist, nämlich als zur jeweiligen Person gehörig, die den «Schatten wirft», da liegt eine gefährliche Selbstüberschätzung vor. Und wo selbst der Versuch unterlassen wird, die schattenhaften Faktoren zu integrieren, da kommt es zu jenen gewaltsamen Auseinandersetzungen, die wir in der allgemeinen Sozialgeschichte als das sogenannte Minderheitenproblem kennen. Minderheiten aller Art werden zu Projektionsfiguren; einmal sind es die Juden, die Neger, die ethisch oder sexuell Andersartigen usw. Auf sie pflegt die Mehrheit einer Gesellschaft die Negativseiten der eigenen Kollektivpsyche zu projizieren, ein Vorgang, der, wie wir gesehen haben, großenteils unbewußt erfolgt, denn die jeweiligen Wortführer der Mehrheit wollen das Volk glauben machen, es handle sich um hohe Werte, wenn «rassische Reinheit», moralische «Sauberkeit» und dergleichen angestrebt werde. Der Appell zur Ausmerzung («Endlösung»!) der mißliebigen Elemente pflegt sich jeweils an das «gesunde Volksempfinden» zu richten und kann erfahrungsgemäß mit entsprechender Zustimmung rechnen.
Derartige Projektionsvorgänge lassen sich in der Kirchengeschichte wie in der allgemeinen Religionsgeschichte anhand ungezählter Beispiele nachweisen. So betrachtet ist die christliche Kirchengeschichte über weite Strecken eine Geschichte der Ketzerverfolgung. Letztlich liegt hier dieselbe psychologische Gesetzmäßigkeit zugrunde: Das, was Ketzer, Gnostiker, religiöse Außenseiter vertreten, wird als angeblich illegitim und nicht zum Wesen des Christlichen

gehörig empfunden; jedenfalls versucht man sich der Problematik, die eine intensive Auseinandersetzung und Klärung erforderte, durch lehramtliche Verurteilung zu entledigen. Die Kirche erweist sich Mal um Mal als «siegreich». Doch selbst radikal scheinende Methoden der Ketzerbekämpfung sind offenbar nie radikal genug. Immer wieder tauchen ähnliche Motive von Zeit zu Zeit auf. «Denn immer wieder ist im Laufe der Jahrhunderte die Gnosis als Protest der unterdrückten Seele gegen die jeweilige Einseitigkeit des Christentums geboren», schreibt der holländische Gnosis-Forscher Gilles Quispel. «Darum zeigt sie auch immer wieder neue Züge und ist imstande, sich fortwährend zu verwandeln. Als Weltreligion an und für sich ist sie zu allen Zeiten dieselbe, in ihrer Bezogenheit auf das Christentum ist sie immer wieder anders, Dualismus, Monismus, Okkultismus, Philosophie, Psychologie und so weiter. So hat sie auch das offizielle Christentum immer wieder vor eine neue Frage gestellt; sie war eine ständige Herausforderung, die eine Antwort forderte. Daß diese Antwort immer befriedigend war, wird keiner behaupten...»[106]

Fragt man weiter, warum wohl die «Antwort» der Kirche auf die Herausforderung der Gnosis bzw. des Gnostizismus aufs Ganze gesehen stets unbefriedigend ausgefallen ist, dann wird man sagen müssen: Solange der eigene Schattenwurf als etwas Fremdes, nicht zur eigenen Person Gehöriges negiert oder bekämpft wird; solange – biblisch gesprochen – nur der Splitter im Auge des Nächsten, nicht aber der Balken im eigenen Auge gesehen wird, solange liegt eine gefährliche Selbsttäuschung vor. Die tatsächliche Wirklichkeit dessen, der man selbst ist, wird verfehlt. Dabei «bedarf die lebende Gestalt tiefer Schatten, um plastisch zu erscheinen. Ohne den Schatten bleibt sie ein flächenhaftes Trugbild.»[107]

Damit ist – zumindest andeutungsweise – zum Ausdruck gebracht, welche Hilfe die Analytische Psychologie der heu-

tigen Christenheit bietet. Sie macht auf jenen Tatbestand aufmerksam, wonach der einzelne wie die Gemeinschaft auch und gerade auf dem religiösen Feld zur Projektion all dessen neigen, was in der eigenen Wesenstiefe begründet liegt. Diese wie auch immer gearteten Minderwertigkeiten der eigenen Person wollen jedoch nicht auf einen «Sündenbock» projiziert und dann «in die Wüste geschickt» werden. Sondern sie verdienen ihres verborgenen Wertes wegen «angenommen» und wie ein Kreuz «getragen» zu werden. Der alttestamentliche Ritus mit dem Sündenbock und die neutestamentliche Botschaft vom Kreuz Christi, das jeder einzelne in individueller Weise auf sich nehmen soll, erscheinen dabei in einem neuen Licht!
Jung hat darauf aufmerksam gemacht, daß die Begegnung mit dem Schatten mit dem Prozeß der Bewußtmachung des Funktions- und Einstellungstypus zusammenfalle, zu dem man selbst gehört. Die «dunkle Seite» sei dann jene der vier Funktionstypen, die im Gegensatz zu der bewußt gehandhabten Funktion unentwickelt geblieben ist.[108]
Auf die Christenheit übertragen, stellt die Gnosis eine derart unentwickelte, im Schattenbereich verbliebene «Funktion» dar. Sie darf nicht länger unterdrückt oder vernachlässigt werden. Vor allem darf man nicht meinen, Gnosis trete bereits in dem Moment in Aktion, in dem man die rationale Analyse und das kritische Bewußtsein auf alle Bereiche des religiösen Lebens anwendet. Gemeint ist jene Gnosis, die im Sinne des Neuen Testaments «Leben» verbürgt. Das Johannesevangelium stellt dieses Gnosisprinzip vornean, wenn Christus im hohepriesterlichen Gebet (Joh. 17) sagt: «Das ist aber das *ewige Leben,* daß sie dich, der du allein wahrer Gott bist, und den du gesandt hast, Jesum Christum, *erkennen.*» – Und in der Auseinandersetzung mit den Pharisäern und Schriftgelehrten legt Jesus seinen Gegnern zur Last, daß sie den Schlüssel der Erkenntnis (Gnosis) genommen hätten. Er sagt das den geistlich-theologischen Führern seines Volkes, die von sich selbst überzeugt sind,

die legitimen Hüter der Gotteserkenntnis zu sein, während sie doch für das Christusereignis, das sich vor ihren Augen begibt, blind sind.

So ist Gnosis als ein neutestamentliches Grundwort, nicht einfach mit schulmäßiger philosophischer oder theologischer Bildung zu verwechseln. Andererseits ist ein wichtiger Unterschied zwischen dieser Gnosis und dem Gnostizismus zu machen, ein Unterschied, auf den an anderer Stelle bereits eingegangen wurde.[109] Gnosis, Erkenntnis, ist ganz in Übereinstimmung mit dem Neuen Testament und mit den großen spirituellen Führergestalten der Christenheit ein unaufgebbarer Faktor des christlichen Glaubens. Der Gnostizismus, wie man jene Weltanschauung des 2. Jahrhunderts nennen sollte, ist u.a. durch eine Verkennung der Inkarnation Christi, durch einen die Materie und die physische Leiblichkeit verneinenden Dualismus sowie durch eine entsprechend einseitige Ethik (teils durch asketischen Rigorismus, teils durch zügellosen Libertismus) gekennzeichnet. Mit der Ablehnung dieses häretischen Gnostizismus darf jedoch keinesfalls das Gnosisprinzip der Christenheit in Mißkredit gebracht werden, wie es immer wieder geschehen ist. Denn ohne die Erkenntnisfunktion, das heißt ohne die Fähigkeit zu ursprünglichen religiösen Eigenerfahrungen zu gelangen, ist christlicher Glaube nicht voll entwickelt, sondern ein kümmerliches Schrumpfprodukt! Zu der verfaßten Kirche mit ihrem abgeschlossenen Bibelkanon, ihrem formulierten Dogma und dem autonomen Leitungsamt steht der entwickelte gnosishaltige Glaube der wahrhaften Gnostiker in einem deutlichen Spannungsverhältnis. Jener Gnostiker, der Gestalten wie Paulus und Johannes, Clemens von Alexandrien und Origenes, Joachim von Fiore, Jakob Böhme und manche andere zu Gewährsleuten hat, rechnet in einer anderen Weise als in der Amtskirche üblich mit der *fortschreitenden Wirksamkeit des Heiligen Geistes,* der sich eben nicht ausschließlich an das kirchliche Amt und seine «verordneten Diener» binden läßt. «Der schöpferische Mystiker – und Gnostiker – war von jeher das Kreuz der Kirche. Aber diesen Leuten verdankt die Menschheit ihr Bestes.»[110] Was hindert uns eigentlich, die Vertreter einer für die Dimension des Spirituellen offenen Psychologie von dieser Dankesverpflichtung auszunehmen? Ist – so betrachtet – nicht C. G. Jung selbst einer ihrer wichtigsten Repräsentanten in unserer Zeit?

Nach dem bisher Gesagten verdient Jung selbst – in einem anderen Sinne, als ihm dessen ablehnende Kritiker zu bescheinigen versuchten – die Bezeichnung eines Gnostikers. Der schon zitierte G. Quispel kommt auch zu dem Schluß: «Die wichtigste Gnosis unseres Jahrhunderts ist aber die komplexe Psychologie C. G. Jungs. Diese legt wissenschaftliche Entdeckungen und Beobachtungen vor, deren Wert keiner leugnen kann. Daß aber hinter dieser Psychologie ein Typus gnostischer Einstellung steckt, ist ein Geheimnis, das wohl den wenigsten verborgen blieb.»[111]

Wie und wo auch immer man Jung in der Geschichte des Christentums einordnen mag – entscheidend für uns ist, daß seine Lebensleistung dazu beigetragen hat, auf vergessene Dimensionen religiöser Wirklichkeit hinzuweisen. Die Gnosis des Christentums und die Erkenntnisfunktion des Glaubens ist derartiger Erinnerungen wert. Man wird sich freilich davor hüten müssen, in der Art der «Rechtgläubigen» von einst zu verfahren, indem man den theologischen Konfessionalismus und Dogmatismus durch einen psychologischen ersetzt.

# KOSMOLOGISCHE BEZÜGE UND DIE EINE WIRKLICHKEIT

Zu den Mißverständnissen, die oft an die Jungsche Psychologie herangetragen werden, gehört auch die irrtümliche Meinung, als Psychologe lasse Jung lediglich die psychische Wirklichkeit gelten, zumal jede Art der Wirklichkeitserkenntnis ein psychisches Subjekt voraussetzt, das, die Objektwelt wahrnehmend, erkennend ins Bewußtsein zu heben vermag.

Träfe diese Unterstellung zu – und es sei gar nicht geleugnet, daß Jung bisweilen derartigen Mißverständnissen Vorschub geleistet hat –, dann läge ein ähnlicher Weltverlust vor, wie wir ihn bei manchen christlichen Frömmigkeitshaltungen finden. Und zwar ist das dort der Fall, wo Frömmigkeit einzig und allein auf die Innenerfahrung zurückgeführt wird, auf die Innerlichkeit religiösen Erlebens. Das Seelenheil des einzelnen steht im Mittelpunkt; es werden allenfalls noch ökumenische Perspektiven bejaht, doch der universelle Anspruch Christi, der diesen Kosmos in seiner Totalität «geliebt hat» (Joh. 3,16), wird nicht mehr ernst genommen. Dafür ist das Wort vom «Heilsindividualismus» geprägt worden. Dergleichen kann bestimmten mystischen und pietistischen Ausgestaltungen des kirchlichen Christentums vorgeworfen werden, während andere, etwa die an Jakob Böhme und die an den großen schwäbischen Theosophen Friedrich Christoph Oetinger anknüpfenden Pietisten oder auch die Schüler Teilhard de Chardins, schon vom Ansatz her den kosmischen Bezug zur Geltung bringen. Nicht erst der Heilige von heute wird daran erkannt, daß er die Erde liebhat, das Leben ehrfürchtig bejaht. Die Christusbotschaft kommt überhaupt erst dort zu ihrem

Ziel, wo die *ganze Schöpfung* in den Heilsprozeß einbezogen ist. Obwohl das Geheimnis der Inkarnation des Christus in Jesus von Nazareth Jahr für Jahr gefeiert wird und obwohl die Mitte des christlichen Gottesdienstes, das Mysterium des Leibes Christi, im Symbolon von Brot und Wein unablässig zelebriert wird, scheint diese die Leibhaftigkeit des Irdischen ergreifende Christustatsache von der heutigen Christenheit noch gar nicht be- und ergriffen worden zu sein.

C. G. Jung würde dieser Christenheit Substantielles vorenthalten haben, wenn in seinem Lehrzusammenhang der Bereich von Materie und Kosmos unberücksichtigt geblieben wäre. Doch gerade auch dieser – nennen wir ihn: den chymisch-kosmischen Aspekt [112] des Christentums – nimmt im psychologischen Denken einen wichtigen Platz ein, und zwar je mehr sich der Betrachter dem mittleren und dem späten Werk zuwendet.

Jung schildert in den autobiographischen Aufzeichnungen, wie er zu einem bestimmten Zeitpunkt seiner tiefenpsychologischen Theoriebildung – das heißt etwa um das Jahr 1920 [113] – nach brauchbaren historischen «Präfigurationen» Ausschau gehalten habe, also nach geschichtlichen Belegen, mit denen er seine eigenen inneren Erfahrungen vergleichen und seine psychologischen Voraussetzungen überprüfen konnte. «Wenn ein solcher Nachweis nicht gelungen wäre, hätte ich meine Gedanken nie zu bestätigen vermocht», betont Jung in diesem Zusammenhang. Und er berichtet, wie er bei seiner Suche auf den Gnostizismus des 2. Jahrhunderts gestoßen sei, wie er aber auch die Beobachtung habe machen müssen, daß diese frühchristlich-häretische Geistesströmung sich als nicht geeignet erwies, um als ein Vergleichsmuster für die psychologische Empirie herangezogen zu werden. Was Jung gesucht habe, das sei ihm dann in der Gestalt der mittelalterlichen Alchymie begegnet. Und es ist bekannt, welche ertragreichen Forschungsbeiträge er auf diesem sehr speziellen Gebiet der

Religions- und Geistesgeschichte sowie der alchymistischen Symbolkunde geleistet hat. Selbst seine schonungslosen Kritiker müssen ihm dies zubilligen.[114]

Wer nun den Gnostizismus hinsichtlich seiner Einstellung zur Christusverkörperung und zum Kosmos kennt, der wird zu der Überzeugung gelangen, daß nicht allein die zeitliche Distanz, auch nicht die Probleme der schwierigen Quellenlage zu Jungs Abkehr von der Beschäftigung mit der gnostischen Bildwelt geführt haben mögen. Der radikale gnostische Dualismus in den gnostischen Systemen trennt die lichten Geistessphären von der angeblich finsteren, bösen Welt der Materie. Die in die irdische Verkörperung «gefallene» Seele müsse sich ihrer Heimat im Licht erinnern und dank der Hilfe des gnostischen Erlösers «den heiligen Weg, der Gnosis heißt», beschreiten, um zu ihrem geistigen Ursprung zurückzufinden. Das Ethos des Gnostikers kann dabei sowohl durch rigorose Askese als auch durch zügellosen Libertinismus gekennzeichnet sein. Beide Male werde die Schöpfung des «bösen» Demiurgen (Weltenschöpfer) geschädigt, werde Böses vernichtet. Man kann sagen: Die Abwendung von der gnostischen Ideenwelt entsprach – wie immer diese Abkehr für Jung motiviert gewesen sein mag – durchaus einer bei ihm tiefer angelegten Grundhaltung. Diese Grundhaltung ist im Alten Testament, in der jüdischen Mystik, aber auch im vorhellenistischen Christentum tief verankert. Und wichtige Vertreter einer christlichen Esoterik waren vor allem die Alchymisten. So gesehen, wäre es auch gerechtfertigt, sie als beredte Anwälte eines weltbejahenden Christentums zu betrachten, die nicht selten das Odium von Ketzern auf sich nahmen, weil sie sich nicht die Lehrmeinungen einer dualistisch-materieverneinenden Theologie zu eigen machten.[115]

Während nun die dualistische Position des Gnostizismus letztlich eine Aufhebung des materiellen Seins (Doketismus) verlangt, kommt es in der Alchymie zur Gegensatzvereinigung. In ihr, der «chymischen Hochzeit», ist das eigentliche Ziel des zu vollbringenden Werks zu erblicken. Die Gegensätze, mit denen es der Alchymist zu tun hat, sind polarer Natur und daher aufeinander bezogen. In ihnen manifestieren sich Spannungen, die sich wechselseitig bedingen und die schließlich in einer größeren Einheit sich zu verbinden streben. Deshalb auch Jungs Interesse an Jakob Böhmes Gottesbild, in dem Licht und Dunkel, das «Zorn-Feuer» Gottes des Vaters und das «Liebe-Licht» des Sohnes miteinander korrespondieren.

Indem nun Jung in seinen Arbeiten zur «Psychologie und Alchemie» den Nachweis für die Entsprechung naturgesetzlich-welthafter und innerseelischer Abläufe erbringt, verweist er auf die enge Zusammengehörigkeit von Kosmos und Psyche. Dem Christen ist demnach mit großer Eindringlichkeit gesagt, daß die Kategorie der Ich-Du-Beziehung und des personalen Gegenüberseins von Gott und Mensch nicht ausreicht, um die Universalität Christi symbolisch auszudrücken, so wichtig der personalistische Aspekt in der christlichen Lehre von Gott (Theo-Logie) auch sein mag. Er wird der Fülle Christi ebensowenig gerecht wie eine Religiosität, die sich auf die Pflege einer frommen Innerlichkeit und auf den kleinen Kreis spirituell Gleichgesinnter zurückzieht und damit den Weltanspruch Christi vernachlässigt. Der in der Ich-Du-Beziehung vor Gott Stehende muß sich bewußt sein, daß er für diese *Erde* verantwortlich ist. Denn «wir sind auf einer großen Mission – zur Bildung der Erde sind wir berufen!» (Novalis). Und wenn in den letzten Jahren das Bewußtsein der Verantwortung für die Bewohnbarkeit der Erde, für die Sauberhaltung der Umwelt, für eine gesunde Ernährung und für entsprechende Therapieweisen zugenommen hat, so ist das in erster Linie auf ein jähes Erschrecken vor den drohenden Möglichkeiten der Selbst- und der Weltvernichtung zurückzuführen. Jedenfalls wird man nicht sagen können, daß die Christenheit in ihrer Gesamtheit wesentlich dazu beigetragen hätte, das allgemeine Bewußtsein im Blick auf diese

Verantwortung für die materielle Grundlage des irdischen Seins prägend zu beeinflussen. Wir müssen uns eben nicht nur ein «cultural lag», ein moralisches Versagen hinsichtlich der allzurasch vorwärtsstürmenden naturwissenschaftlich-technischen Zivilisation eingestehen. Das neuzeitliche Christentum ist auch das Opfer einer Geist- und Materievergessenheit geworden. Universalistische Theologen waren meist dazu verurteilt, ein Außenseiterdasein zu fristen. Dabei kommt es gerade auf das harmonische Zusammenspiel der sichtbaren und der unsichtbaren Welt, auf das Ineinander von Geist und Materie an.

Denn: «So man will von Gott reden, was Gott sei, so muß man fleißig erwägen die Kräfte in der Natur, dazu die ganze Schöpfung, Himmel und Erden, sowohl Sternen und Elementen, und die Kreaturen, so aus denselben sind herkommen, sowohl auch die heiligen Engel, Teufel und Menschen, auch Himmel und Hölle...»[116] – Dieser Satz, mit dem Jakob Böhme sein erstaunliches Erstlingswerk «Aurora oder die Morgenröte im Aufgang» einleitet, drückt nicht nur die Programmatik des Görlitzer Theosophen aus. Dieser Satz könnte seiner Substanz nach ein zentrales Hauptstück christlicher Theologie überhaupt markieren. Daß Böhme und die ihm geistig Verwandten sich nicht scheuen, durch Aufnahme der Gegensatzproblematik an den Fundamenten der kirchlichen Dogmatik zu rühren, ist nicht zu übersehen. Es darf auf der anderen Seite auch nicht verwundern, wenn die von der Schultheologie verworfenen Bausteine Böhmeschen Denkens auf dem Wege über Oetinger und Schelling, vor allem aber über Hegel von den Vätern des dialektischen Materialismus aufgehoben und dann unter atheistisch-materialistischem Vorzeichen ideologisch verarbeitet worden sind. Und nicht erst Ernst Bloch, der auf seine charakteristische Weise das Christentum als marxistischer Philosoph zu beerben wußte, hat Jakob Böhme in seinen Werken mannigfache Denksteine gesetzt,[117] auch in den marxistischen Grundschriften finden sich bereits entsprechende Belege für eine – freilich einseitige – Böhme-Rezeption.[118] So fehlt es nicht an Hinweisen, wonach der Marxismus Böhme als einen Denker schätzt, der in seinem aus der geistigen Schau hervorgegangenen Werk (angeblich) materialistische Ansätze vertritt, indem er den Widerspruch als erste Bewegungsursache geahnt hat.

Kehren wir zu C. G. Jung zurück und zu seiner hohen Einschätzung der mit der Substanzverwandlung der Materie beschäftigten Alchymisten, so trifft es zwar zu, daß er, der Psychologe, im Tun der Alchymisten psychische Projektionsvorgänge wahrnahm. Was diese mittelalterlichen Forscher am Umgang mit dem Stoff ihrer Experimente erlebt haben, hing nicht selten mit den in die Materie projizierten Inhalten des Unbewußten zusammen. Jung blieb bei dieser Feststellung jedoch nicht stehen. Jedenfalls kann der Verdacht, er «psychologisiere» materielle Vorgänge und deren Manifestationen, nicht erhoben werden. Schon in seinem grundlegenden Werk «Psychologie und Alchemie» räumt Jung ein, daß die Beschäftigung der alchymistischen Adepten «als eine seriöse Bemühung» angesehen werden müsse, in das Wesen der chemischen Wandlungen einzudringen; «zugleich aber war sie auch – und dies in oft überwiegendem Maße – die Abbildung eines parallel laufenden psychischen Prozesses, der um so leichter in die unbekannte Chemie des Stoffes projiziert werden konnte, als jener Prozeß ein unbewußter Naturvorgang ist, genau wie die geheimnisvolle Veränderung des Stoffes...»[119]

Gewiß war Jung von seinem psychologischen Ansatz und von seinem psychotherapeutischen Auftrag her viel mehr an der Seele und ihren Erfahrungsmöglichkeiten interessiert als an den chemischen Prozessen. Als empirisch Forschendem aber war ihm auch nicht entgangen, daß das Laborieren, Meditieren und Imaginieren der Alchymisten an die Dimensionen eines Weltverständnisses heranreichte, das durch eine *nur*-psychologische Deutung ebensowenig zu erreichen ist wie durch eine *nur*-naturwissenschaftliche oder gar materialistische Interpretation. Selbst den Terminus dafür, nämlich für eine auf Geist und Stoff, Psyche und Materie übergreifende *Einheitswirklichkeit,* fand Jung bei den spätmittelalterlichen Meistern. Es ist der von dem paracelsistischen Arzt Gerhard Dorn (Dorneus) verwendete Ausdruck «Unus mundus» für die eine, die geeinte Welt, in der die offenbaren oder scheinbaren Gegensätze eine universale Synthese gefunden haben oder doch finden zu lassen versprechen.

Die Psyche ließe sich demnach als die eine, die Materie als die andere «Seite» ein- und derselben Wirklichkeit begreifen. An die Stelle mancher innertheologischen Disputation um die Wesensbestimmung von Wirklichkeit hätte künftig stärker als bisher ein Dialog *zwischen* den Disziplinen zu treten. Dabei könnte das da und dort in Gang gekommene Gespräch zwischen Theologie, auch systematischer Theologie und Tiefenpsychologie bereits von dem Dialog profitieren, der zwischen Tiefenpsychologie und Physik begonnen hat. Jung selbst hat zusammen mit Wolfgang Pauli einen Anstoß dazu gegeben, als beide je von ihrem Forschungsfeld her die zwischen Bewußtsein und Unbewußtem sich zeigenden synchronistischen Phänomene untersuchten. Gemeint sind solche kausal nicht mehr zu erfassenden, «zufälligen» Ereignisse, bei denen sich der gleiche Sinn sowohl in der Psyche als auch in äußeren Vorgängen offenbart. Auf den «Unus mundus» verweisen die von Jung und Pauli beschriebenen Synchronizitätsphänomene insofern, als sie einen bewußtseinstranszendenten Einheitsaspekt der Wirklichkeit nahelegen.[120] Der Psychologe und der Physiker haben damit einen Dialog eröffnet, der eine dialogfähige christliche Theologie ermuntern müßte, sich daran konstruktiv zu beteiligen. Jedenfalls könnte von dem gegebenen Beispiel ein Impuls ausgehen, aufs neue nach dem Christus Pantokrator zu fragen, dem «alle Gewalt gegeben ist im Himmel und auf Erden».

# AUSBLICKE IN DIE ZUKUNFT DES CHRISTENTUMS

Auf ihrem Weg zur Schwelle des zweiten Jahrtausends nach der Christuserscheinung ist die Christenheit mit Problemen beschäftigt, die sie zwar zu jeder Zeit ihrer Geschichte zu bewältigen hatte, die aber jetzt in einer besonders verstärkten Form an sie herantreten: Einerseits wird eine neue Verhältnisbestimmung der christlichen Kirche zur Welt verlangt; andererseits – und hier liegt zweifellos die zentrale Aufgabe – ist die Christenheit aufgefordert, ihre Identität aufs neue zu gewinnen, das heißt: für sich im Blick auf die Gesamtmenschheit zu realisieren. Sendung in die Welt, in alle Lebensbereiche, in alle kulturellen und gesellschaftlichen Ordnungen hinein kann nicht Angleichung bis zur völligen Selbstaufgabe bedeuten, bei der der Gesandte vergißt, daß er eine weltverwandelnde Botschaft zu übermitteln hat, eine Botschaft, die trotz allen Widerstandes letztlich doch ersehnt und erwartet wird! Gerade von der Psychotherapie her läßt sich einsehen, welche Funktion der instinktive «Widerstand» dem Therapeuten und dem zu durchlaufenden Prozeß gegenüber zu erfüllen hat. Im Grunde ist der Widerstand ein wichtiges Indiz für die Bedürftigkeit dessen, was die Christenheit als «Therapie der Menschheit» anzubieten hat. Ob sich diese Therapeuten auch immer bewußt sind, daß sie dieses Pharmakons Individuationis selbst bedürfen, dringender vielleicht noch als die, zu denen sie gesandt sind?
In einer seiner letzten Arbeiten, 1957 in den Schweizer Monatsheften veröffentlicht, schreibt Jung: «Wie zu Beginn des christlichen Aeon, so stellt sich auch heute wieder das Problem der allgemeinen moralischen Rückständigkeit,

welche sich der modernen, wissenschaftlichen, technischen und sozialen Entwicklung als nicht adäquat erweist. Zuviel steht auf dem Spiel und zuviel hängt heute offensichtlich von der psychologischen Beschaffenheit des Menschen ab. Ist er der Versuchung, sich seiner Macht zur Inszenierung des Weltunterganges zu bedienen, gewachsen? Ist er sich bewußt, auf was für einem Wege er sich befindet und welches die Schlußfolgerungen sind, die er aus der Weltlage und aus seiner eigenen seelischen Situation ziehen müßte? Weiß er, daß er den lebenserhaltenden Mythus vom inneren Menschen, den das Christentum für ihn aufbewahrt hat, im Begriffe steht zu verlieren? Vergegenwärtigt er sich, was auf ihn wartet, wenn diese Katastrophe eintreten sollte? Kann er sich überhaupt vorstellen, daß dies eine Katastrophe bedeuten würde? Und weiß schließlich der Einzelne, daß *er* das Zünglein an der Waage ist? ...

Es sei darum einem Arzte, der während eines langen Lebens sich mit den Ursachen und den Folgen seelischer Störungen beschäftigt hat, gestattet, zu den Fragen, welche die gegenwärtige Weltlage aufwirft, in aller Bescheidenheit, die ihm als einem Einzelnen auferlegt ist, seine Meinung zu äußern. Ich bin zwar weder von einem allzugroßen Optimismus angespornt noch von hohen Idealen begeistert, sondern bloß bekümmert um das Schicksal, das Wohl und Wehe des einzelnen Menschen, jener infinitesimalen Einheit, von der eine Welt abhängt, jenes individuellen Wesens, in dem – wenn wir den Sinn der christlichen Botschaft richtig vernehmen – sogar Gott sein Ziel sucht.»[121]

Es ist bekannt, was auch in diesem Votum deutlich wird, nämlich daß Jung in den letzten Lebensjahren mit großer Sorge in die Menschheitszukunft hineinblickte. Er war Zeuge der Entfesselung der Atomenergie geworden. Eine eher noch verheerendere Wirkung maß er der Übermacht der Ideologien und der Wahnvorstellungen aller Art bei, der die Massenpsyche nahezu schutzlos preisgegeben ist. Angesichts der Kenntnis dieser Tatbestände ist es auf den ersten Blick um so erstaunlicher, welche großen Hoffnungen der Psychologe auf das Christentum der Zukunft setzte. Berücksichtigt man Jungs Ansatz und seine Einschätzung der Christuswirklichkeit, dann erweist sich diese Zuversicht freilich als folgerichtig und in der Sache selbst begründet. Als Psychologe sieht Jung vor sich den Individuationsprozeß, der dem Einzelnen, der aber auch der Menschheit in ihrer Gesamtheit bevorsteht. Auf der anderen Seite hält er sich vor Augen, daß das zentrale Symbol der Christenheit in der Menschwerdung (Inkarnation) des Gottes- und Menschensohnes eine geschichtliche Gestalt gewonnen hat, die eine übergeschichtliche Dimension umschließt. Diese kann zu jeder Zeit und an jedem Ort zu einer Erfahrungstatsache werden. «Damit fällt der Selbstwerdung des Menschen eine Bedeutung zu, deren Tragweite wohl noch kaum richtig eingeschätzt worden ist. Zu vieles Äußere aber versperrt der unmittelbaren inneren Erfahrung den Weg.» [122]

Jene weltweite, heute das allgemeine Bewußtsein beherrschende Extraversion, von der wir eingangs sprachen, hat auch die Kirchen erfaßt und zu Aktionen, genauer: zu einem Aktionismus durch die bzw. durch den «das Eine, das not tut» abgewertet wurde. Und es gehört wohl zur Tragik der eingetretenen Entwicklung, daß sich bisweilen solche Zeitgenossen zum Anwalt des «notwendigen Einen» machen, die im Grunde doch lieber zurück- als vorwärtsblicken. Und wenn Jung nicht müde wird, die Wichtigkeit des Einzelnen zu betonen, indem er sagt, daß die Metanoia und damit die Wiedergeburt im Geiste letztlich immer ein individuell erfahrbares Geschehen sei, so ist ihm die Dimension des Sozialen nicht etwa fremd. Zweifellos ist die Situation immer noch die, daß eine Betonung, manchmal sogar eine Überbetonung des inneren Aspektes nötig ist, um der extravertierten Menschheit ein Gegengewicht zu schaffen.

Wenngleich der Ruf nach innen, zur meditativen vor der aktiven Grundhaltung im Evangelium selbst eine Stütze findet (vgl. Luk. 10.42), so ist dieser Zug zur «Innerung» doch nicht einfach mit dem Christlichen identisch. Mit einem gewissen Recht ist die sogenannte Innerlichkeit eines weltflüchtigen, auf alle aktive Weltgestaltung verzichtenden Christentums in Mißkredit geraten. Auch Jung genügt dies nicht. Das kommt zum Beispiel dort zum Ausdruck, wo er dem westlichen Menschen eine mehr extravertierte, dem asiatisch-östlichen Menschen eine vorwiegend introvertierte Grundeinstellung beimißt.[123] Auch ist die Mission des westlichen Menschen offensichtlich eine andere als die des östlichen. Was hat demnach zu geschehen?

Es gehört wohl zu den für die Zukunft des Christentums wesentlichen Hinweisen des Begründers der Analytischen Psychologie, daß er in einem Augenblick, in dem die moderne Theologie vor allem im Protestantismus mit dem Entmythologisierungsproblem in Anspruch genommen war, über die Weiterentwicklung des christlichen Mythus nachsann, und zwar nicht etwa im Sinne einer Remythisierung, sondern im Sinne einer Entfaltung dessen, was im Neuen Testament selbst angelegt ist. Denn – so fand Jung – im Grunde hatte es die westliche Christenheit versäumt, «im Laufe der Jahrhunderte seinen Mythus weiter zu bauen. Sie hat jenen, die den dunkeln Wachstumsregungen der mythischen Vorstellungen Ausdruck gaben, das Gehör versagt. Ein Gioacchino da Fiore, ein Meister Eckart, ein Jacob Boehme und viele andere sind für die Masse Dunkelmänner geblieben.»[124] Dabei haben die Genannten nicht nur ihre Erleuchtungen mitgeteilt, sondern bisweilen Impulse vermittelt (z. B. Joachim von Fiore in Gestalt der Dreizeiten-Lehre, die bis in die revolutionären Bewegungen der Neuzeit hinein nachhaltige Spuren hinterlassen hat).

Im Grunde besagt Jungs Hinweis, daß die esoterische Seite des Christentums fortan besonderer Beachtung bedarf. Durch äußere Aktivität der Kirchen läßt sich echte christliche Esoterik keinesfalls ersetzen. Jungs Rat lautet daher:

«Die Weiterentwicklung des Mythus sollte wohl dort anknüpfen, wo der Hl. Geist sich an die Apostel austeilte und sie zu Gottessöhnen machte, und nicht nur sie, sondern alle anderen, die durch sie nach ihnen die filiatio, die Gotteskindschaft, empfingen und damit auch der Gewißheit teilhaftig wurden, daß sie nicht nur autochthone, erdentsprossene animalia waren, sondern als ‹zweimal Geborene› in der Gottheit selber wurzelten. Ihr sichtbares, körperliches Leben war von dieser Erde; ihr unsichtbarer innerer Mensch aber hatte seine Herkunft und seine Zukunft im Urbild der Ganzheit, im ewigen Vater, wie der Mythus der christlichen Heilsgeschichte lautet.» [125]

Wie wichtig es Jung war, hier einen Beitrag zu leisten, den wir als einen Hinweis auf die Christuswirklichkeit, das heißt auf den heute aus dem Geist heraus wirkenden Christus verstehen wollen, ist den Studien zu entnehmen, die der Psychologe dem Problemkreis des Heiligen Geistes gewidmet hat. Zu nennen ist hier vor allem der zuerst als Eranos-Vortrag durchgeführte «Versuch einer psychologischen Deutung des Trinitätsdogmas» [126].

In diesen Studien, deren Vorläufigkeit, bisweilen auch Mißverständlichkeit, sich ihr Verfasser durchaus bewußt war, [127] kommt zweierlei zum Ausdruck: Es ist zunächst die Hochschätzung, die der Psychologe den archetypischen Gehalten des christlichen Dogmas entgegengebracht hat, das im Laufe seiner zweitausendjährigen Geschichte keineswegs ausgeschöpft werden konnte, eher immer wieder einmal verdeckt oder begrifflicher Abstrahierung anheimgegeben worden ist. – Und der andere Gesichtspunkt, unter dem diese Arbeiten zu würdigen sind, ist die Bedeutung, die Jung der Symbolik des Heiligen Geistes für die zukünftige Weiterentwicklung des Christentums eingeräumt hat. Für den kirchlichen Christen mag dabei von besonderem Gewicht sein, daß Jung das christliche Dogma, «in lebendigster Wechselbeziehung zur Seele (befindlich sieht), aus der es ursprünglich hervorgegangen ist.» [128] Wer befürchten sollte, daß eine psychologische Betrachtung, wie Jung sie geübt hat, zu einer «psychologischen Auflösung» führen könnte, der verkennt, daß auf archetypischer Grundlage ruhende Symbole, durch derartige Versuche keinen Schaden nehmen können. Und Jung beschäftigte sich bekanntlich unter der Voraussetzung mit religiösen Symbolen, daß er sowohl aus eigener Erfahrung wie aus ärztlicher Beobachtung von der Mächtigkeit archetypischer Wirklichkeiten überzeugt war.

Dazu hat sich Jung bis zuletzt bekannt. So schreibt er sein persönliches Bekenntnis mit der Einsicht in die objektiven Entwicklungsnotwendigkeiten des Christentum verbindend – in seinem letzten Lebensjahr an einen belgischen Theologen:

«Genau gesagt halte ich mich für einen Christen, bin aber zugleich davon überzeugt, daß das heutige Christentum nicht die letzte Wahrheit darstellt; das beweist die chaotische Situation unserer Zeit. Der augenblickliche Zustand erscheint mir unerträglich, darum erachte ich eine grundlegende Weiterentwicklung des Christentums für absolut notwendig. Meiner Meinung nach müßten die Erkenntnisse der Psychologie des Unbewußten berücksichtigt werden...»[129]

Die Weiterentwicklung des Christentums, die C.G. Jung ins Auge gefaßt hat und für die er anderen die Augen öffnen will, ist nicht beliebig machbar oder organisierbar, weder durch noch so gut gemeinte, längst überfällige Lehrübereinkünfte noch durch synodale Aktionsprogramme, durch Neuformulierung kirchlicher Grundordnungen oder durch ein sonstiges modernistisches Make up, an dem viele Gefallen finden mögen. Die «gewaltige Revolution des Christentums», die Jung meint, hat er aus einer ganz anderen Sphäre heraus erwartet, aus der Sphäre des unverfügbaren Geistes. Und sie, «die zukünftige Einwohnung des Heiligen Geistes im Menschen bedeutet soviel als eine fortschreitende Inkarnation Gottes», lesen wir in der umstrittenen, noch keinesfalls begriffenen Spätschrift «Antwort auf Hiob» [130].

Damit stellt sich der Psychologe in den weitgespannten Erwartungshorizont der Urchristenheit, insbesondere des johanneischen Christentums, hinein! Unter der Führung des Geistes, der der große «Weg-Führer» in die ganze Wahrheit ist, [131] läßt er sich von dem gekommenen Christus auf den kommenden Christus hinweisen, der auf ungeahnte Weise neu Gestalt gewinnen will, eingedenk des Paulus-Wortes: Der Herr – dieser Herr – ist der Geist!

# ZUSAMMENFASSENDES: UMRISSE EINER TIEFENTHEOLOGIE

Versuchen wir am Ende dieser Erörterung eine zusammenfassende Antwort auf die Frage nach C. G. Jungs Weg und Wegweisung zu Christus, dann lassen sich folgende Gesichtspunkte aufführen:

Wir sind in dem Begründer der Analytischen Psychologie einem Menschen begegnet, der ein Werk geschaffen hat, das vor allem hinsichtlich seines instrumentalen Charakters von Bedeutung und von praktischem Wert ist. Wir haben es mit einer Erkenntnismethode und mit einem therapeutischen Weg zu tun, der einen umfassenden, alle menschlichen Lebensbereiche einbeziehenden Integrationsprozeß zum Ziel hat, die Individuation. Selbsterfahrung und Gotteserfahrung sind dabei eng aufeinander bezogen. Dennoch läßt die hohe Einschätzung des Religiösen nicht den Schluß zu, daß die Analytische Psychologie von ihrem Ansatz her oder hinsichtlich ihrer Zielsetzung eine unmittelbare religiöse Wirksamkeit anstrebe. Als empirisch arbeitende Forschungsrichtung ist ihr ohnehin ein konsequenter Verzicht auf irgendwelche missionarische Betätigung auferlegt.

Wie diese Psychologie wichtige Voraussetzungen für eine positive Einschätzung der religiösen Wirklichkeit mitbringt, indem sie sich der Dimension des Spirituellen öffnet, so liefert die Analytische Psychologie wertvolle Elemente für eine Tiefentheologie. Wir verstehen darunter eine theologische Sichtweise, für die sich das religiöse Leben nicht allein in den nach wie vor unaufgebbaren historischen, soziologischen oder in sozialdiakonischen Aspekten erschöpft, sondern die ihr Augenmerk gerade um der Erfüllung dieser Aufgaben willen stets auch auf das richtet, was äußeren Ereignissen und Gegebenheiten als «wirkende Wirklichkeit» zugrunde liegt, was die sichtbaren Gestaltungen in der Gegenwart mitbestimmt und was Zukünftiges vorbereiten hilft.

*Tiefentheologie,* wie sie hier gemeint ist, bedeutet demnach weder eine Preisgabe noch eine Geringschätzung alles dessen, was bisher in theologischer Forschung und Lehre errungen worden ist. Die zu begründende Tiefentheologie hätte eine ähnlich notwendige *Ergänzungsfunktion* zu erfüllen wie einst die Tiefenpsychologie zum Jahrhundertbeginn auf dem Feld der Seelenforschung. Die angewendete Metapher der «Tiefe» will sinngemäß auf jene Dimension der Wirklichkeit verweisen, die auf denkerischem Weg, auf dem Weg biblischer Textanalyse, historischer Forschung und allgemeiner theologischer Reflexion allein nicht zu erreichen ist, die sich aber seelischer Erfahrung erschließt. Geschichte und Gegenwart liefern dafür reichhaltige Belege. Vor allem der theologisch wie tiefenpsychologisch Ungeschulte kann von der Tiefentheologie zweierlei verlangen: einmal eine Verständnis- und Orientierungshilfe, die es ihm möglich macht, mit den Grundfragen menschlicher Existenz, mit der Frage nach dem Sinn und mit der Frage nach dem, was ihn unbedingt angeht, fertig zu werden. Die zweite Forderung an die Tiefentheologie hängt damit eng zusammen; sie zielt auf Menschenführung und Lebensgestaltung hin. Das heißt ihre vornehmliche Aufgabe wird darin bestehen, menschliches Leben im Sinne des Evangeliums wieder als «Weg», der beschritten werden kann und soll, verständlich zu machen. Zur Deutung der Weg-Gestalt menschlichen Lebens, das sich eben nicht von selbst abrollt, sondern das um der Menschwerdung des Menschen willen zielbewußt gestaltet werden muß, ist es erforderlich, daß Wegweisung auf diesem Weg, daß Führung und Geleit gegeben werden. In einem Augenblick, in dem in der Gesellschaft der Ruf nach einem qualitativen Mehr an Bildung immer eindringlicher erhoben wird, kommt einer Tiefentheologie um so größere Bedeutung zu, als sie in der Lage sein müßte, eine wesentliche integrierende Funktion zu erfüllen. Drohte einst die kirchliche Verkündigung einer religiösen Auszehrung anheimzufallen und ist seit langem eine einseitige Betonung platter Mitmenschlichkeit zu beobachten, so ist endlich jene Fülle der Wirklichkeit zurückzugewinnen, zu der die Tiefendimension der menschlichen Existenz ebenfalls gehört.

Kennzeichnend für die Besonderheit der Analytischen Psychologie ist schließlich, daß das Moment der religiösen Eigenerfahrung kein theoretisches Postulat bleibt, sondern von Anfang an, das heißt im Lebensgang von C. G. Jung selbst, zur Geltung gelangt ist. Bei ihm sind wir auf einen Weg spezifischer religiöser Erfahrung gestoßen, der als ein individueller Weg zu Christus angesehen werden kann. Dieser Weg ist in zweifacher Weise von besonderer aktueller Bedeutung: einmal im Blick darauf, daß dieser Weg in seinen wesentlichsten Phasen außerhalb der institutionellen Kirche verlaufen ist und auch nicht notwendigerweise in eine bestimmte Religionsgemeinschaft einmünden muß; andererseits weil sich Jung trotz eingehender Beschäftigung und trotz intimer Kenntnis der östlich-fernöstlichen Religionswelt dem Christentum verpflichtet wußte. In einem Augenblick, in dem die asiatische Spiritualität auf ungezählte westliche Menschen ihre Faszinationskraft ausübt, kann Jungs Haltung, vor allem seine psychologische Begründung dieser Haltung klärend wirken und zur Selbstbesinnung auf den westlichen Weg beitragen. Und was Jungs individuellen Weg zu Christus betrifft, so kann sein persönliches Schicksal insofern als prototypisch angesprochen werden, als er das Los ungezählter Zeitgenossen teilt, die in den Religionen ihrer Väter nicht mehr finden, was sie für die Sinngebung ihres Lebens brauchen, die aber – und sei es aufgrund einer kaum bewußten Ahnung – den Grundkräften des Evangeliums nicht entsagen wollen. Jung zeigt durch sein Beispiel und durch sein Werk, daß es eine christliche Existenz gibt, die außerhalb der bestehenden kirchlichen Organisationsformen, jedoch in voller Übereinstimmung mit dem Traditionsgut der Christenheit vollzogen werden kann, ja daß einem solchen *Christentum außerhalb der verfaßten Kirche* ein Lebensrecht zugesprochen werden muß. Für solche Zeitgenossen hat er als Arzt und als Psychologe gewirkt, sei es, daß diese einen neuen Anschluß an die religiöse Institution fanden, der sie zeitweise entfremdet waren, sei es, daß sich in solchen Menschen wenigstens ansatzweise eine neue Zukunftsgestalt des Christlichen vorbereitet, von der wir noch wenig wissen, um die sich aber eine Tiefentheologie zu kümmern hätte. Und gerade auf das kommende, aus dem weiterwirkenden, weiterwachsenden Symbol lebende Christentum hat C. G. Jung unseren Blick gelenkt. In ihm lebte die Überzeugung, der selbst wegweisende Kraft innewohnt, «daß nicht das Christentum, sondern dessen bisherige Auffassung und Interpretation in Anbetracht der heutigen Weltumstände antiquiert sind. Das christliche Symbol ist ein lebendiges Wesen, das die Keime zu weiterer Entfaltung in sich trägt. Es kann sich weiter entwickeln, und es liegt nur daran, ob wir uns dazu entschließen können, über die christlichen Voraussetzungen noch einmal und etwas gründlicher nachzudenken...»[132]

# ANMERKUNGEN

Die Jung-Zitate erfolgen teils gemäß der noch im Erscheinen begriffenen Ausgabe der Gesammelten Werke sowie der dreibändigen von Aniela Jaffé in Zusammenarbeit mit Gerhard Adler herausgegebenen Ausgabe der Briefe 1906–1961 des Walter-Verlags, Olten/Freiburg, teils wurde auf ältere Einzeleditionen des Rascher-Verlags, Zürich, zurückgegriffen.

## I UNSER AUSGANGSPUNKT

(Seite 15)

[1] Vgl. auch Wilhelm Bitter: Der Verlust der Seele. Ein Psychotherapeut analysiert die moderne Gesellschaft. Freiburg 1969 (Herderbücherei 333).

[2] Von katholischer Seite vor allem Hans Urs von Balthasar: Karl Barth. Darstellung und Deutung seiner Theologie 1951.

[3] Weitere einschlägige Texte zur Ablehnung einer «natürlichen Gotteserkenntnis» u.a. in der Auswahl K. Barth: Kirchliche Dogmatik. Hrg. von. H. Gollwitzer. Hamburg/München 1965 (Siebenstern Taschenbuch 47/48).

[4] Kerygma und Mythos I, hrg. von H.W. Bartsch. 4. Aufl. Hamburg-Bergstedt 1960, S. 46.

[5] Niedergelegt u.a. in den verschiedenen Folgen von Kerygma und Mythos.

[6] Die fraglichen Texte, Briefe und Aufzeichnungen aus der Haft erschienen erstmals 1951 unter dem Titel Widerstand und Ergebung, hrg. von Eberhard Bethge.

[7] U.a. Dorothee Sölle: Stellvertretung. Ein Kapitel Theologie nach dem Tode Gottes. Stuttgart 1955. – Dazu kritisch Otto Reidinger: Gottes Tod und Hegels Auferstehung. Berlin/Hamburg 1969.

[8] Vgl. Georg Siebers: Zeitalter im Rausch. Stuttgart 1973.

[9] Gerhard Wehr: C.G. Jung im Gespräch mit der Theologie, in: Deutsches Pfarrerblatt 73. Jahrgang Nr. 11, 1.-Juni-Ausgabe 1973, S. 405 ff.

[10] Brief vom 5.10.1945, in: Briefe I, S. 473 f.

[11] Helmut Barz: Selbst-Erfahrung. Tiefenpsychologie und christlicher Glaube. Stuttgart 1973, S. 34.

[12] Gerhard Wehr: Wege zu religiöser Erfahrung. Analytische Psychologie im Dienste der Bibelauslegung. Olten/Freiburg 1974, S. 20.

[13] Z. B. bei Eduard Bueß: Geschichte des mythischen Erkennens. Wider sein Mißverständnis in der Entmythologisierung. München 1953, S. 136–140.

[14] S. Freud: Ges. Werke XIV und Studienausgabe Band 9, ferner Fischerbücherei 851.

[15] Zur Einführung u. a.:
Jolande Jacobi: Die Psychologie von C. G. Jung. Zürich 1959 (Neuauflagen).
Gerhard Wehr: C. G. Jung in Selbstzeugnissen und Bilddokumenten. Reinbek 1969 (Rowohlt Monographie 152); 5. Aufl. 1974; New York 1971; Tokio 1975.
Marie-Louise von Franz: C. G. Jung. Sein Mythos in unserer Zeit. Frauenfeld/Stuttgart 1972 (Wirkung und Gestalt 10).

[16] Jetzt in der Neufassung: Symbole der Wandlung. Zürich 1952.

[17] A. a. O. S. VIII.

[18] Ursprünglich in: Naturerklärung und Psyche. Studien aus dem C.-G.-Jung-Institut Bd. IV; jetzt in: Ges. Werke 8, S. 475 ff. Vgl. auch Marie-Louise von Franz: Zahl und Zeit. Stuttgart 1970.

[19] Der Gegensatz Freud und Jung (1929), in: Ges. Werke 4, S. 391.

[20] Zitiert nach Georg Gerster: Eine Stunde mit..., Frankfurt/Main 1956, S. 18.

[21] Jutta von Graevenitz (Hrg.): Bedeutung und Deutung des Traumes in der Psychotherapie. Darmstadt 1968 (Wege der Forschung CV), S. 2.

[22] Georg Gerster a. a. O. S. 18.

[23] Ges. Werke 11, S. 362.

[24] Viktor E. Frankl: Der Mensch auf der Suche nach dem Sinn. Freiburg 1972 (Herderbücherei 430).

[25] A. a. O. S. 74.

[26] Balthasar Staehelin: Haben und Sein. Vom Wesen der zweiten Wirklichkeit, der Natur jedes Menschen. Hamburg 1972, 177. – Ders.: Das Unzerstörbare in der Selbsterfahrung, in: Bewußtseinserweiterung durch Meditation. Freiburg 1973, S. 56 ff.

[27] Rudolf Daur in: W. Bitter (Hrg.): Psychotherapie und religiöse Erfahrung. Stuttgart 1965, S. 9 ff.

[28] Karl Rahner: Pastoraltheologische Maximen christlicher Verkündigung an den Ungläubigen von heute, in: Concilium 3. 1967, S. 212.

[29] Norbert Greinacher: Der Glaube wird anders, in: Werner Harenberg (Hrg.): Was glauben die Deutschen. München/Mainz 1968.

[30] Helmut Barz: Fragen der Tiefenpsychologie an die Kirche, in: H.J. Schultz (Hrg.): Was weiß man von der Seele. Stuttgart 1967, S. 194.
[31] Psychologie und Alchemie. Zürich 1952. S. 24.
[32] A.a.O. S. 27 u. 29.

## II C.G. JUNGS WEG ZU CHRISTUS

(Seite 37)

[1] Erinnerungen, Träume, Gedanken. Aufgezeichnet und herausgegeben von Aniela Jaffé. Zürich 1963.
[2] Briefe 1906–1961. Hrg. von Aniela Jaffé. Olten/Freiburg 1972/73.
[3] Erinnerungen, S. 19.
[4] A.a.O. S. 20.
[5] A.a.O. S. 48f.
[6] Ges.Werke S. 363f.
[7] Erinnerungen S. 80.
[8] A.a.O. S. 98.
[9] Walter Bernet: Inhalt und Grenzen der religiösen Erfahrung. Bern 1952.
[10] Vgl. Erinnerungen, S. 97ff.
[11] Briefe II, S. 495.
[12] Erinnerungen, S. 99.
[13] Gerhard Wehr: Wege zu religiöser Erfahrung. Olten/Freiburg 1974. – Ders.: Die Realität des Spirituellen. Stuttgart 1970 (Dimensionen des Glaubens 11).
[14] Erinnerungen, S. 47.
[15] Briefe II, S. 114.
[16] Vgl. Gal. 1, besonders 1,12 und 1,16.
[17] Briefe I, S. 278f.
[18] Briefe II, S. 495.
[19] Vgl. Brief an W. Uhsadel, in: Briefe I, S. 278.
[20] Vgl. 2. Kor. 12,7.
[21] Briefe I, S. 437.
[22] Erinnerungen S. 203; vgl. die Kapitel: Die Auseinandersetzung mit dem Unbewußten a.a.O. S. 174ff. und: Zur Entstehung des Werks a.s.O. S. 204ff.
[23] Vgl. neuerdings auch den Briefwechsel: Sigmund Freud/C.G. Jung. Hrg. von William McGuire und Wolfgang Sauerländer. Frankfurt/Main 1974.
[24] A.a.O. S. 5.
[25] Symbole der Wandlung. Zürich 1952, S. VIII.

[26] Allgemeine Aspekte der Psychoanalyse, in: Ges.Werke 4, S. 269.
[27] Von den Wurzeln des Bewußtseins. Zürich 1954, S. 423f.
[28] A.a.O. S. 332.
[29] Zur Stelle vgl. Gerhard Wehr: Wege zu religiöser Erfahrung, S. 82–87.
[30] A.a.O. S. 113–119.
[31] Liliane Frey-Rohn: Von Freud zu Jung. Zürich 1969, S. 238.
[32] Symbole der Wandlung S. 382.
[33] Wandlungen und Symbole der Libido, zit. bei L. Frey-Rohn, S. 239.
[34] Briefe I, S. 186f.
[35] Erinnerungen, S. 171.
[36] Franz Mußner: Die johanneische Sehweise. Freiburg 1965 (Quaestiones Disputatae 28). – Über das johanneische Christentum vgl. Gerhard Wehr: Esoterisches Christentum. Aspekte, Impulse, Konsequenzen. Stuttgart 1975, S. 41ff.
[37] Zum Gnosis-Verdacht vgl. Gerhard Wehr: C. G. Jung und Rudolf Steiner. Konfrontation und Synopse. Stuttgart 1972, S. 216ff. – Ferner Gilles Quispel: C. G. Jung und die Gnosis, in: Eranos Jahrbuch 37. 1968, S. 277ff.
[38] Erinnerungen, S. 204.
[39] Basler Seminar 1934. Privatdruck Basel 1935, Se. 84, zit. bei Jolande Jacobi: Psychologische Betrachtungen. Zürich 1945, S. 386.
[40] Erinnerungen, S. 213.
[41] Ausführlicher Gerhard Wehr: Esoterisches Christentum. Stuttgart 1975.
[42] Briefe II, S. 338f.

## III C. G. JUNGS WEGWEISUNG ZU CHRISTUS

(Seite 63)

[1] Vgl. besonders Irmgard Buck (Hrg.): Der Trug der Drogen. Hamburg/München 1974 (Siebenstern-Taschenbuch). – Manfred Josuttis-Hanscarl Leuner (Hrg.): Religion und Droge. Ein Symposion über religiöse Erfahrungen unter Einfluß von Halluzinogenen. Stuttgart 1972.
[2] Gerhard Wehr: Wege zu religiöser Erfahrung. Analytische Psychologie im Dienste der Bibelauslegung. Olten/Freiburg 1974, S. 32ff.
[3] C. Heitmann, H. Mühlen (Hrg.): Erfahrung und Theologie des Heiligen Geistes. Hamburg/München 1974.
[4] Erinnerungen, Träume, Gedanken, S. 6.
[5] Symbolik des Geistes. Studien über psychische Phänomenologie. Zürich 1953, S. 375.

[6] Jakob Böhme: Christosophia. Ein christlicher Einweihungsweg. Herausgegeben und kommentiert von Gerhard Wehr. Freiburg 1975.
[7] Jakob Böhme: Theosophische Sendbriefe 12,6f. – Gerhard Wehr: Jakob Böhme in Selbstzeugnissen und Bilddokumenten. Reinbek 1971 (Rowohlt-Monographien 179), S. 47–58.
[8] Briefe II, S. 108.
[9] Vgl. den zitierten Brief an W. Uhsadel, in: Briefe I, S. 278f.
[10] Karlfried Graf Dürckheim: Überweltliches Leben in der Welt. Der Sinn der Mündigkeit. Weilheim 1968, S. 77.
[11] Gerhard Wehr: Wege zu religiöser Erfahrung, S. 98ff.
[12] Johannes B. Lotz: Auf dem Wege zum personalen Transzendenten, in: Transzendenz als Erfahrung. Festschrift für Graf Dürckheim. Weilheim/Obb. 1966, S. 249.
[13] Gerhard Zacharias: Psyche und Mysterium. Zürich 1954 (Studien aus dem C.-G.-Jung-Institut V), S. 32f.
[14] Psychologie und Alchemie. Zürich 1952, S. 23.
[15] Jung-Wilhelm: Das Geheimnis der Goldenen Blüte, zit. bei G. Zacharias a.a.O. S. 33.
[16] Augustinus: Soliloquia – Selbstgespräche 7, 1.
[17] Aion. Untersuchungen zur Symbolgeschichte. Zürich 1951, S. 65.
[18] A.a.O. S. 64.
[19] Psychologie und Alchemie, S. 27f.
[20] Über den indischen Heiligen, in: Ges.Werke 11, S. 626.
[21] Aniela Jaffé: Der Mythus vom Sinn im Werk von C.G. Jung. Zürich 1967, S. 52.
[22] Psychologie und Religion, in Ges.Werke 11, S. 89.
[23] Briefe II, S. 107. – Vgl. auch Gebhard Frei, in: Victor White: Gott und das Unbewußte. Zürich 1956, S. 323ff.
[24] Aion, S. 263f.
[25] Briefe III, S. 299 (Hervorhebungen: GW).
[26] Balthasar Staehelin: Haben und Sein. Vom Wesen der zweiten Wirklichkeit der Natur jedes Menschen. Hamburg 1969, S. 191 und 177.
[27] Ausführlicher bei Gerhard Wehr: Esoterisches Christentum. Stuttgart 1975.
[28] Paul Tillich: Seelsorge und Psychologie, in: Tillich: Gesammelte Werke VIII, S. 335.
[29] A.a.O. S. 332.
[30] Vgl. auch die von Barth und Bultmann erörterte Problematik, z.B. Rudolf Bultmann: Welchen Sinn hat es, von Gott zu reden? (1925), in: Bultmann: Glauben und Verstehen. Gesammelte Aufsätze. Tübingen 1958, Bd. I, S. 26–37.
[31] Ulrich Mann: Theogonische Tage. Stuttgart 1970, S. 126.

[32] Otto Dilschneider: Ich glaube an den Heiligen Geist. Wuppertal 1969. – Zur 2. Petrusbrief-Stelle vgl. Wilhelm Stählin: Predigthilfen. Kassel 1968, Bd. II, S. 422 ff.
[33] Unter diesem Aspekt vgl. Gerhard Wehr: Esoterisches Christentum S. 106–227.
[34] Die fraglichen Texte sind neu zugänglich gemacht in Jakob Böhme: Christosophia. Ein christlicher Einweihungsweg. Freiburg 1975.
[35] Jakob Böhme: Zweite Schutzschrift wider B. Tilken (1621), §§ 297–299.
[36] Joachim Scharfenberg: Sigmund Freud und seine Religionskritik als Herausforderung für den christlichen Glauben. Göttingen 1968, S. 18 f.
[37] Wilhelm Knevels: Die Wirklichkeit Gottes. Ein Weg zur Überwindung der Orthodoxie und des Existentialismus. Stuttgart 1964, S. 20.
[38] Paul Tillich: Systematische Theologie. Stuttgart 1955, Bd. I, S. 135.
[39] Über Seelen- und Geistesforschung als Praeambulum fidei, vgl. Gerhard Wehr: C. G. Jung und Rudolf Steiner. Konfrontation und Synopse. Stuttgart 1972, S. 235 ff.
[40] Karl Barth: Das Wort Gottes als Aufgabe der Theologie (1922), in: Anfänge der dialektischen Theologie, hrg. von J. Moltmann, Teil I, München 1966, S. 199.
[41] Erinnerungen, S. 213.
[42] Über die Psychologie des Unbewußten, in: Ges. Werke 7, S. 49.
[43] Alfonse Maeder: Sendung und Aufgabe des Arztes. Zürich 1952, S. 16 f.
[44] Ges. Werke 7, S. 88.
[45] A. a. O.
[46] Vgl. Hans Dieckmann: Träume als Sprache der Seele. Einführung in die Traumdeutung der Analytischen Psychologie C. G. Jungs. Stuttgart 1972, S. 210 ff. – C. A. Meier: Die Bedeutung des Traumes. Olten/Freiburg 1972, S. 22 ff.
[47] Vgl. Wilhelm Bitter: Analytische Psychotherapie und Religion, in: Transzendenz als Erfahrung. Festschrift für Graf Dürckheim. Weilheim/Obb. 1966, S. 141 ff.
[48] Symbole der Wandlung. Zürich 1952, S. VIII.
[49] Dieter Wyss: Die tiefenpsychologischen Schulen von den Anfängen bis zur Gegenwart. 2. Aufl. Göttingen 1966. Liliane Frey-Rohn: Von Freud zu Jung. Zürich 1969.
[50] Sigmund Freud: Ges. Werke V, S. 118.
[51] Dieter Wyss a. a. O. S. 49 f.
[52] Über die Psychologie des Unbewußten, in: Ges. Werke 7, S. 30.

[53] Yorick Spiegel (Hrg.): Psychoanalytische Interpretationen biblischer Texte. München 1972, S. 10f.
[54] Über Energetik der Seele, in: Ges.Werke 8, S. 20.
[55] Vgl. L. Frey-Rohn a.a.O. S. 230.
[56] Ges.Werke 8, S. 60.
[57] Ulrich Mann, in: Lutherische Monatshefte, 13. 1974, Nr. 11, S. 599.
[58] Der Gegensatz Freud und Jung, in: Ges.Werke 4, S. 391.
[59] Wilhelm Stählin: Was ist ein Symbol, in: Stählin: Wissen und Weisheit. Symbolon 3. Folge. Stuttgart 1973, S. 109.
[60] Die Struktur des Unbewußten, in: Ges.Werke 7, S. 326.
[61] A.a.O. S. 327.
[62] Gerhard Wehr: Wege zu religiöser Erfahrung S. 47–58.
[63] Walter Grundmann: Das Evangelium nach Lukas. Theologischer Handkommentar zum Neuen Testament Bd. 3. Berlin-Ost 1969, S. 98.
[64] Adolf Schlatter: Das Evangelium des Lukas aus seinen Quellen erklärt. Stuttgart 1931, S. 193f.
[65] Zur Entwicklung des Archetypus-Begriffs bei Jung vgl. Jolande Jacobi: Komplex, Archetypus, Symbol in der Psychologie C.G. Jungs. Zürich 1957, S. 38ff.
[66] Symbolik des Geistes. Zürich 1953, S. 374.
[67] C.G. Jung im Vorwort zu Esther Harding: Frauen-Mysterien einst und jetzt. Zürich 1949, S. VIIIf.
[68] Über den qualitativen Unterschied zwischen Furcht und Angst schreibt Paul Tillich in: Symbol und Wirklichkeit (Kleine Vandenhoeck-Reihe 151), Göttingen 1966, S. 18: «Furcht hat einen Gegenstand, Angst hat ihn nicht. Aber wir müssen noch einen Schritt weitergehen. Angst ist ihrem Wesen nach fundamentaler als Furcht, denn die Furcht als Furcht vor etwas Bestimmtem wurzelt letztlich in der Tatsache, daß wir als endliche Wesen der Vernichtung preisgegeben sind, dem Sieg des Nichtseins in uns. Darum ist die Angst der Endlichkeit die Wurzel der Furcht...» Aus psychoanalytischer Perspektive: Oskar Pfister: Das Christentum und die Angst. Zürich 1944; Olten/Freiburg 1975.
[69] Symbolik des Geistes S. 385.
[70] A.a.O. S. 385f.
[71] Vgl. Gerhard Wehr: Wege zu religiöser Erfahrung, S. 131ff.
[72] Walter Nigg: Das ewige Reich. Geschichte einer Hoffnung. Zürich 1954 und Siebenstern-Taschenbuch 105/106.
[73] Gerhard Wehr: Esoterisches Christentum, S. 160ff. Gerhard Wehr: Thomas Müntzer in Selbstzeugnissen und Bilddokumenten. Reinbek 1972, 2. Aufl. 1975 (Rowohlt-Monographien 188).
Thomas Müntzer: Schriften und Briefe hrg. und kommentiert von G. Wehr. Frankfurt/Main 1973 (Fischerbücherei 1378).

[74] Briefe III, S. 102 f.

[75] Marie-Louise von Franz: Kommentar zu Medea, in: Das Böse. Dokumente und Interpretationen, hrg. von Gerhard Zacharias. München 1972, S. 28 f.

[76] Psychologie und Alchemie, S. 53.

[77] Von den Wurzeln des Bewußtseins. Studien über den Archetypus. Zürich 1954, S. 370.

[78] Psychologie und Religion, in: Ges.Werke 11, S. 85.

[79] Psychologie und Alchemie S. 54 (Hervorhebungen: GW).

[80] Vgl. zum Thema Gerhard Wehr: Wege zu religiöser Erfahrung, S. 101 ff.

[81] Ges.Werke 16, S. 248 f.

[82] Ulrich Mann: Einführung in die Religionspsychologie. Darmstadt 1973, S. 142.

[83] Belege bei Ernst Benz: Adam. Der Mythus vom Urmenschen. München-Planegg 1955.

[84] Von den Wurzeln des Bewußtseins. Zürich 1954, S. 62.

[85] A. a. O. S. 66.

[86] Walter Nigg: Drei große Zeichen. Elias, Hiob, Sophia. Olten 1972. Ernst Benz: Sophia, Visionen des Westens, in: The Ecumenical World of Orthodox Civilisation, vol. III, ed. Andrew Blane. Moution 1973, S. 121–138.
Alfons Rosenberg: Die Erhebung des Weiblichen. Ordnung und Aufstand der Frau in unserer Zeit. Olten/Freiburg 1959.

[87] Gerhard Wehr: Esoterisches Christentum, S. 45 f.

[88] Antwort auf Hiob, in: Ges.Werke 11, S. 503.

[89] A. a. O. S. 426.

[90] A. a. O. S. 427.

[91] Gert Hummel: Theologische Anthropologie und die Wirklichkeit der Psyche. Darmstadt 1972, S. 508.

[92] Antwort auf Hiob, in: Ges.Werke 11, S. 506.

[93] Vgl. Helmut Barz: Sexus, christlicher Glaube und Tiefenpsychologie, in: P. M. Pflüger (Hrg.): Tiefenpsychologische Ansätze zur Theologie. Fellbach/Oeffingen 1975, S. 17–40.

[94] Hierzu vor allem die Arbeiten Jungs in Ges.Werke 16.

[95] Friedrich Rittelmeyer: Meditation (1928). Stuttgart 1948, S. 83.

[96] Die Lebenswende, in: Ges.Werke 8, S. 451.
Vgl. ferner Hans Dieckmann: Probleme der Lebensmitte (Psychologisch gesehen 8). Stuttgart 1968.

[97] Ges.Werke 8, S. 455 f.

[98] Gustav Richard Heyer: Praktische Seelenheilkunde (Geist und Psyche 2031). München o. J. S. 110.

[99] Antwort auf Hiob, in: Ges.Werke 11, S. 449.

100 Aion. Zürich 1951, S. 264.
101 Gerhard Wehr: Wege zu religiöser Erfahrung. Ders.: Gesichtspunkte zur Bibelauslegung aus der Sicht der Analytischen Psychologie, in: P. M. Pflüger (Hrg.): Tiefenpsychologische Ansätze zur Theologie (Psychologisch gesehen 22). Fellbach/Oeffingen 1975, S. 41–61.
102 Literaturhinweise in: G. Wehr: Wege zu religiöser Erfahrung. – Vorwiegend ältere, aus dem Bereich der Psychoanalyse kommende Studien sind aufgeführt bei Y. Spiegel (Hrg.): Psychoanalytische Interpretationen biblischer Texte.
103 Otto Wolff: C. G. Jungs Antwort auf Hiob, in: Dialog über den Menschen. Festschrift für Wilhelm Bitter, hrg. von Gerhard Zacharias. Stuttgart 1968, S. 162.
104 Symbolik des Geistes. S. 385 f.
105 Über Jung als christlicher Esoteriker vgl. Gerhard Wehr: Esoterisches Christentum. Stuttgart 1975, S. 260 ff.
106 Gilles Quispel: Gnosis als Weltreligion. Zürich 1951, S. 49.
107 Beziehungen zwischen dem Ich und dem Unbewußten, in: Ges. Werke 7, S. 262.
108 Psychologische Typen, in: Ges. Werke 6.
109 Gerhard Wehr: C. G. Jung und Rudolf Steiner S. 216–224. – Ders.: Esoterisches Christentum S. 74–94.
110 Mysterium Coniunctionis, in: Ges. Werke 14, II, S. 133.
111 Gilles Quispel: Gnosis als Weltreligion, 2. Aufl. Zürich 1972, S. 76.
Alfons Rosenberg: Das Experiment Christentum. München 1969, S. 164 ff.
112 Gerhard Wehr: Christusimpuls und Menschenbild. Rudolf Steiners Beitrag zur Erweiterung des religiösen Bewußtseins. Freiburg 1974, S. 94 ff. – Ders.: Esoterisches Christentum, S. 132 ff; S. 192 ff.
113 Erinnerungen, S. 204 ff.
114 U. a. Alexander von Bernus: Alchymie und Heilkunst, 3. Aufl. Nürnberg 1969.
115 Vgl. auch Kurt Martis Gedanken zum Verhältnis von Hl. Geist und Materialismus, in: D. Sölle und K. Schmidt (Hrg.): Christentum und Sozialismus. Stuttgart 1974, S. 36 ff.
116 Jakob Böhme: Aurora oder Die Morgenröte im Aufgang ... I, 1.
117 U. a. Ernst Bloch: Das Prinzip Hoffnung. Frankfurt/Main 1959, S. 833 f., 1006 f. u. a. – Ders.: Vorlesungen zur Philosophie der Renaissance. Frankfurt 1972, S. 69 ff.
118 Z. B. Friedrich Engels: Die Entwicklung des Sozialismus von der Utopie zur Wissenschaft, in: Marx-Engels: Ausgewählte Werke. Berlin-Ost 1958, Bd. II, S. 87.

[119] Psychologie und Alchemie. Zürich 1952, S. 58.

[120] C. G. Jung/Wolfgang Pauli: Naturerklärung und Psyche. Zürich 1952.

Marie-Louise von Franz: Symbole des Unus Mundus, in: Dialog über den Menschen. Festschrift für Wilhelm Bitter, hrg. von G. Zacharias. Stuttgart 1968, S. 231–253. – Dieselbe: Zahl und Zeit. Psychologische Überlegungen zu einer Annäherung von Tiefenpsychologie und Physik. Stuttgart 1970.

Aniela Jaffé: Aus Leben und Werkstatt von C. G. Jung. Zürich 1968.

[121] Gegenwart und Zukunft. Zürich 1957 und 1964, S. 67f.

[122] A.a.O. S. 31.

[123] Erinnerungen S. 320. – Über Jungs Stellung zum geistigen West-Ost-Problem vgl. Gerhard Wehr: C. G. Jung und Rudolf Steiner. Stuttgart 1972, S. 193–215.

[124] Erinnerungen, S. 334.

[125] A.a.O. S. 335f.

[126] Jetzt in: Symbolik des Geistes bzw. in Ges. Werke 11.

[127] Vgl. a.a.O. Jungs Einführung.

[128] Ges. Werke 11, S. 123.

[129] Briefe III, S. 322f.

[130] Ges. Werke 11, S. 463.

[131] Gerhard Wehr: Wege zu religiöser Erfahrung, S. 67ff.

[132] Gegenwart und Zukunft. Zürich 1964, S. 40.

Über Umrisse einer künftigen Christenheit vgl. vor allem Alfons Rosenberg: Das Experiment Christentum. München 1969.